ANCIEN HÔTEL DU MAINE

ET

DE BIRON

EN DERNIER LIEU

ÉTABLISSEMENT DES DAMES DU SACRÉ-CŒUR

Nᵒˢ 75ᵇⁱˢ, 77 et 79, rue de Varenne ;
31 et 33, boulevard des Invalides ; 76, rue de Babylone

PAR

J. VACQUIER

MEMBRE DE LA SOCIÉTÉ D'HISTOIRE ET D'ARCHÉOLOGIE
DU VIIᵉ ARRONDISSEMENT DE PARIS

OUVRAGE ILLUSTRÉ DE 17 GRAVURES

PARIS

LIBRAIRIE D'ART ET D'ARCHÉOLOGIE

F. CONTET, Éditeur

101, Rue de Vaugirard, 101

1909

ANCIEN HÔTEL DU MAINE ET DE BIRON

EN DERNIER LIEU

ÉTABLISSEMENT DES DAMES DU SACRÉ-COEUR

BULLETIN DE LA SOCIÉTÉ D'HISTOIRE
ET
D'ARCHÉOLOGIE DU VIIe ARRONDISSEMENT DE PARIS

(N° 4, juin 1908).

Assemblée générale du 14 février 1908.

RAPPORT
DU
SECRÉTAIRE GÉNÉRAL

En ce qui touche le Couvent du Sacré-Cœur... notre collègue Vacquier... a dressé un procès-verbal très complet et très documenté de notre visite...

Lucien GILLET.

COMMISSION MUNICIPALE DU VIEUX-PARIS

Séance du samedi 4 juillet 1908.

PROCÈS-VERBAL

N° 16. Envoi d'une plaquette relative au Couvent du Sacré-Cœur. — M. le Président annonce que M. Vacquier, membre de la Société historique du VIIe arrondissement, a bien voulu faire hommage à la Commission d'une notice très documentaire sur le couvent du Sacré-Cœur, situé rue de Varenne et boulevard des Invalides. Ce travail fort consciencieusement établi...

Les remerciements de la Commission sont adressés à M. Vacquier.

Le Secrétaire :
Lucien LAMBEAU.

ANCIEN HÔTEL DU MAINE

ET

DE BIRON

EN DERNIER LIEU

ÉTABLISSEMENT DES DAMES DU SACRÉ-CŒUR

N°s 75bis, 77 et 79, rue de Varenne ;
31 et 33, boulevard des Invalides ; 76, rue de Babylone.

PAR

J. VACQUIER

MEMBRE DE LA SOCIÉTÉ D'HISTOIRE ET D'ARCHÉOLOGIE
DU VIIe ARRONDISSEMENT DE PARIS

OUVRAGE ILLUSTRÉ DE 17 GRAVURES

PARIS

LIBRAIRIE D'ART ET D'ARCHÉOLOGIE

F. CONTET, ÉDITEUR

101, RUE DE VAUGIRARD, 101

1909

ANCIEN HÔTEL DU MAINE ET DE BIRON

EN DERNIER LIEU

ÉTABLISSEMENT DES DAMES DU SACRÉ-COEUR

PREMIÈRE PARTIE

L'HÔTEL ET SES HÔTES AU COURS DU XVIIIe SIÈCLE

CHAPITRE PREMIER

EMPLACEMENT DE LA PROPRIÉTÉ

C'est dans la partie sud du quartier des Invalides, à l'extrémité de l'ancien « Faux-bourg Saint-Germain » que fut élevé, en l'espace de deux années, l'hôtel qui porta successivement les noms de Moras, du Maine, de Biron et de Béthune-Charost au cours du XVIIIe siècle et de Maison du Sacré-Cœur durant le XIXe.

Cet hôtel et ses dépendances forment aujourd'hui une propriété d'un seul tenant de 5 hectares, 33 ares, 10 centiares.

Le plan d'ensemble figure un trapèze limité par la rue de Varenne (n°s 75 *bis*, 77 et 79), le boulevard des Invalides (n°s 31 et 33), la rue de Babylone (n° 76) et une mitoyenneté sur laquelle une bande rectangulaire de terrain a été prélevée de la rue de Babylone au droit de l'avenue de Tourville.

Malgré le peu d'attention apporté par les géomètres anciens dans le relevé de cette partie de la Capitale, il est intéressant de rappeler l'état des lieux.

Les travaux de Gomboust (1652), de Bullet et Blondel (1670-1676) donnent quelques indications bien vagues sur la nature et la configuration des terrains.

Bullet et Blondel tracent sur leur carte le « projet d'enceinte de Paris » où passe aujourd'hui le boulevard des Invalides.

Jouvin de Rochefort, en 1670-1672, signale des terres incultes vers le même endroit.

Mention identique, en 1697, sur le plan de Nicolas de Fer où sont dessinées les murailles de la Ville.

Même représentation sur le plan de La Caille en 1714.

Sur le plan de l'abbé Delagrive, daté de 1728, deux rues traversent les terrains, ce sont : 1° du nord au sud, la rue de Bourgogne prolongée qui aboutit à la rue des Vachers ou rue Rousselet [1] ; 2° de l'est à l'ouest une voie qui part perpendiculairement de la dite rue de Bourgogne et passe devant l'Hôtel des Invalides, côté du Dôme.

Vers l'époque où ce dernier plan fut dressé, M. de Moras achetait les marais et terres incultes citées plus haut sur lesquels il voulait édifier son hôtel.

CHAPITRE II

HÔTEL DE MORAS

Qu'était Abraham Peyrenc de Moras?

Un riche financier « qui avant 1719 était garçon perruquier à Paris et fils lui-même d'un perruquier dans un bourg de Languedoc dont la boutique était encore (en 1730) occupée par un Peirenc oncle ou cousin germain de celui-ci » [2].

Abraham Peyrenc quittait la Saintonge où il était né en 1686 [3], « faisait le commerce à Lyon [4] » et arrivait « à Paris en 1719 [4] ». « Cela a brocanté, négocié sur la place avant la fameuse année 1720 du sys-

1. Lettres patentes des 18 février 1720 enreg. le 13 mars (: «... que la rue de Bourgogne sera continuée de ligne droite sur 5 toises de large depuis la rue de Varennes... jusqu'à la rencontre de la rue Rousselet ») et de mars 1721. Recueil des lettres patentes, etc... concernant les voies publiques, page 26. Un plan daté du 14 janvier 1720 était annexé à l'arrêt dudit jour.

2. *Journal de Barbier*, t. IV, p. 129, éd. 1861 ou t. VI, p. 277, éd. 1857.

3. *Journal de Barbier*, t. II, p. 3. En 1683 (Procès-verbal de la Commission municipale du Vieux-Paris (annexe), séance du 16 nov. 1907, pp. 321 et 341 (Père Anselme, *Généalogie*, t. IX, 2° partie).

4. *Journal de Barbier*, t. VII, p. 107, éd. 1857.

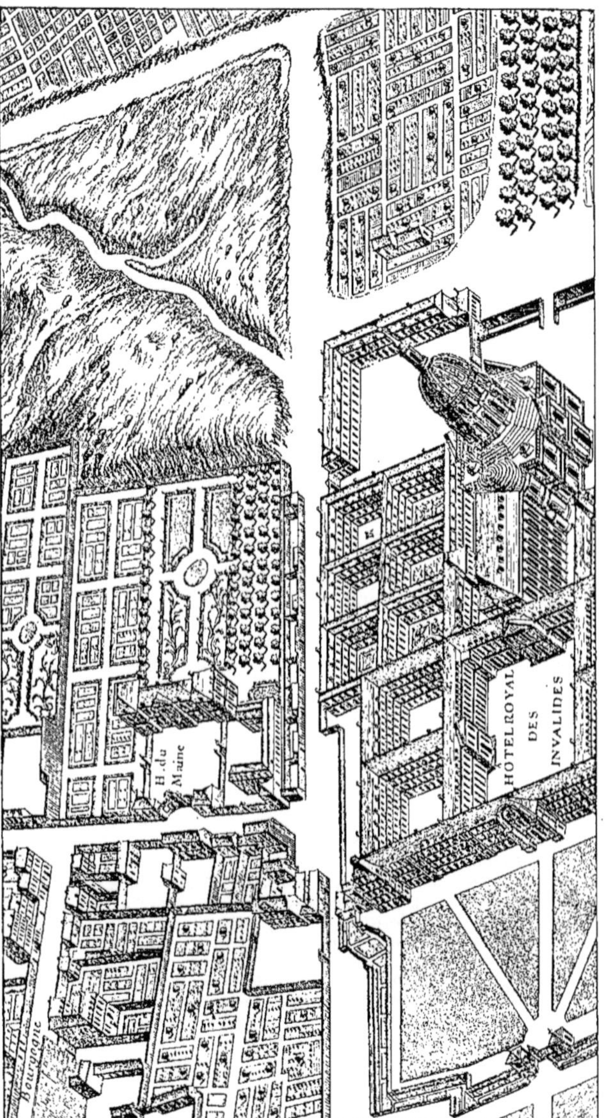

Plan dit de Turgot (1735-1739).

tème de Law ; cela a fait plus de mauvaises que de bonnes affaires ; mais comme cela n'avait rien à risquer, il a tout hasardé dans ce système. Il a eu le bonheur de réaliser. Il avait de l'esprit pour connaître les chemins pour se pousser dans ce pays-ci... [1]. » Pendant son service en qualité de valet de chambre-barbier chez Fargès, la nécessité lui fit accorder la main de la fille de son maître, Marie-Anne-Josèphe, âgée de seize ans [1].

François-Marie Fargès était un « ancien munitionnaire des vivres, soldat dans son origine, qui jouissait de 500.000 livres de rente [2] et qui avait le secret de ne pas payer un seul de ses créanciers [1] » ; il facilita certainement l'éclosion des aptitudes de son gendre dans les opérations du « Système » [3], et Peyrenc fut nommé inspecteur général de la Banque de Law [4].

Dès son mariage, Peyrenc « bien fait, aimable et spirituel », voulant gagner la confiance de sa nouvelle famille et justifier ses ambitions, « avait fait son droit — ayant auparavant appris le latin qu'il ne savait pas [5] », il se faisait ensuite recevoir avocat et nommer conseiller au Parlement de Metz, puis maître des requêtes en 1722 [6], « conseiller au grand Conseil [5] » et enfin « chef du Conseil de Mme la Dauphine, aïeule de M. le prince de Condé » [5-7].

Entre temps il avait acheté de la duchesse de Brancas une propriété sise près de la Ferté-sous-Jouarre dont il prit le nom pour l'ajouter au sien et se faire appeler Peyrenc de Moras.

Se voyant à la tête d'une immense fortune [8] mise à l'abri [9], — car il avait eu « le bonheur de réaliser » [1] avant la ruine du fameux système financier —, il achetait les terres plus ou moins cultivées [10] qui bordaient le « Cours » entre les rues de Varenne et de Babylone [1].

---

1. *Journal de Barbier*, t. II, pp. 362 et 363, éd. 1857.
2. *Journal de Barbier*, t. I, p. 468, éd. 1857.
3. « Qu'on appelle communément *Las.* » *Journal de Barbier*, t. I, p. 7, éd. 1857.
4. *Journal de Barbier*, t. III, p. 109, éd. 1857.
5. Barbier, *Chronique de la Régence*, t. VII, p. 107, éd. 1857.
6. Son portrait est au musée de Versailles.
7. « Il s'est fait recevoir chef du Conseil de Madame la Duchesse. » Barbier, *Chronique de la Régence et du règne de Louis XV*, t. VI, p. 277, éd. 1857.
8. « Cela s'appelle des fortunes rapides, non seulement en biens mais en élévation. » Barbier, *Chronique de la Régence et du règne de Louis XV*, t. VI, pp. 45 et 46, éd. 1857.
9. « Cependant on a laissé ce bien à cet homme, parce qu'il a été à portée de distribuer un million à des seigneurs et p. de la Cour ; » Barbier, *Chronique de la Régence et du règne de Louis XV*, t. II, p. 362. Paris, 1857.
10. « La plupart des maraîchers (jardiniers établis dans les parties basses appelées marais) du xviiie siècle tiraient l'eau à bras... » Quelques-uns possédaient des manivelles. « Les maraîchers se servaient d'arrosoirs à retourner et d'écopes ». « En plus des

CHAPITRE III

ACHATS DES TERRAINS [1]

1° Deux places à bâtir se touchant situées rue de Varenne : la première contenant 3.033 toises [2] et demie, faisant partie d'une grande place enclose de murs, tenant d'une part à une portion de la dite place par Étienne Dutfois ; d'autre part à la place suivante, par derrière à une place appartenant aux Invalides et par devant à la rue de Varenne.

La deuxième contenant 900 toises tenant à la place précédente, aux héritiers Marchand et par devant à la rue de Varenne [3].

2° 771 toises formant la moitié des 5/7 d'un arpent de terre tenant d'une part au sieur de Moras, de l'autre aux héritiers de Sernet [4].

3° Le septième indivis en la moitié d'un arpent [5] de terre indivis, l'autre moitié appartenant à Madeleine Monet femme de Pierre-Paul Laisné, tenant le dit arpent, d'un côté au sieur de Moras, de l'autre aux héritiers de Sernet, par devant, rue de Varenne, acquis de Jean-François Marchand, jardinier et de Geneviève Poullain, sa femme [6].

4° La moitié en un septième par indivis à prendre dans la moitié du dit arpent acquis de Noël Patry et de sa femme Marie-Anne Panseron, et de Louis-Claude Panseron et de Marie-Catherine Texier sa femme.

5° Le quart en un septième par indivis à prendre dans la moitié d'un arpent acquis de Marie Panseron [7].

cultures ordinaires, ils faisaient des couches à l'air pour forcer les laitues, raves et radis », melons, choux-fleurs, etc. ; ceux qui livraient le fumier s'appelaient fienticrs. Leurs récoltes « étaient portées aux halles, à dos sur des hottiriaux... » J. Curé, *Les jardiniers de Paris et leur culture à travers les siècles.* Paris, 1900, p. 231 à 234.

1. Actes notariés déposés chez M. Ménage, administrateur judiciaire.

2. La toise carrée valait 144 pouces carrés ; le pouce carré 144 lignes carrées ; la ligne carrée 144 points carrés. La toise carrée de Paris équivalait à 3 m² 7987.

3. Le contrat d'achat fut signé devant Perret, notaire, le 11 avril 1727, insinué par Thierry le 6 mai suivant et ensaisiné par l'abbé de Saint-Germain-des-Prés le 27 du même mois. Pour l'énumération des propriétaires successifs, voir Pr.-Val du Vieux-Paris du 16 novembre 1907, p. 328 et suivantes.

4. Contrat du 19 juin 1727 passé devant Perret, notaire. Ins. Thierry, 10 juillet ; ens. 12 dudit. Pour ce qui est de la succession des propriétaires, voir le procès-verbal du Vieux-Paris du 16 nov. 1907.

5. L'arpent de Paris valait 100 perches ou 324.000 pieds carrés, soit 900 toises ; l'équivalent en mètres carrés était 3419 (0 hectare 34 ares 19 centiares).

6. Contrat passé par Perret, notaire, le 21 juin 1727. (Voir pour le surplus l'annexe au procès-verbal précité.) Contrat insinué par Thierry le 10 juillet suivant et ensaisiné par l'abbé de Saint-Germain le 12 dudit mois.

7. Contrat du 25 juin 1727. *Idem.*

6° Le quart en un septième par indivis en la moitié dudit arpent, acheté à Jean Dezouilles, jardinier et à Marie-Magdelaine Panseron sa femme [1].

7° Trois quartiers [2] de terre tenant d'un côté à la dame Julliet et de l'autre aux Moras, devant à la rue de Varenne, derrière aux Invalides [3].

A la dépense d'achat du terrain à bâtir, il faut ajouter le cens dû à l'abbaye seigneuriale de Saint-Germain-des-Prés, les impositions du vingtième et les deux sols pour livre du dixième, les taxes pour nettoyage des rues, entretien des lanternes et pompes à eau, et le logement des gens de guerre.

L'ensemble de ces achats est représenté sur le plan de Turgot par la propriété dite « H. du Maine » (page 7).

CHAPITRE IV

CONSTRUCTION DE L'HÔTEL

Ce premier emplacement acquis, le propriétaire nouveau chargea un maître habile d'y élever un hôtel et dépendances fastueux.

« En 1729 et 1730, on a élevé du même côté de cette rue (rue de Varenne), sur les dessins de M. Gabriel [4], premier architecte du roi,

1. Contrat du 27 juin 1727. *Idem.*

2. Quartier de terre, ancienne mesure agraire valant le quart d'un arpent.

3. Contrat du 13 août 1727 ; insinué le 28 août, ensaisiné le 2 sept. par l'abbé de Saint-Germain. La succession des propriétaires est indiquée dans l'annexe au procès-verbal du Vieux-Paris du 16 nov. 1907. (Rapport de M. d'Andigné.)

4. « On a faussement attribué à Gabriel (Jacques-Jules) l'hôtel construit à Paris par Aubert, pour Abraham Peirenc de Moras (actuellement couvent du Sacré-Cœur). » Planat, *Encyclopédie de l'Architecture et de la Construction*, t. IV, p. 721. Paris.

« Aubert bâtit plusieurs hôtels à Paris, entre autres celui d'Abraham Peirenc de Moras, habité dans la suite par la duchesse du Maine, puis par le duc de Gontaut-Biron. Cet hôtel, construit en 1728, a été faussement attribué à Gabriel (Jacques-Jules) M. D. S. » Planat, *Encyclopédie de l'Architecture et de la Construction*, t. II, p. 93. Paris.

Gabriel (Jacques-Jules), 6 avril 1667-23 avril 1742 : « En 1728, il construisit l'hôtel du Maine (aujourd'hui couvent du Sacré-Cœur) » (p. 237). Aubert (fils de Jean) : « Il est l'auteur de l'hôtel de Moras, d'après les dessins de Gabriel » (p. 20). Bauchal, *Nouveau Dictionnaire des Architectes français*. Paris, 1887.

Enfin, on lit dans le feuilleton du journal des *Débats* du 8 novembre 1907 : « Il demanda les dessins de son hôtel à Jacques Gabriel, Inspecteur général des bâtiments du roi, et le soin de la construction à Jean Aubert..... » André Hallays.

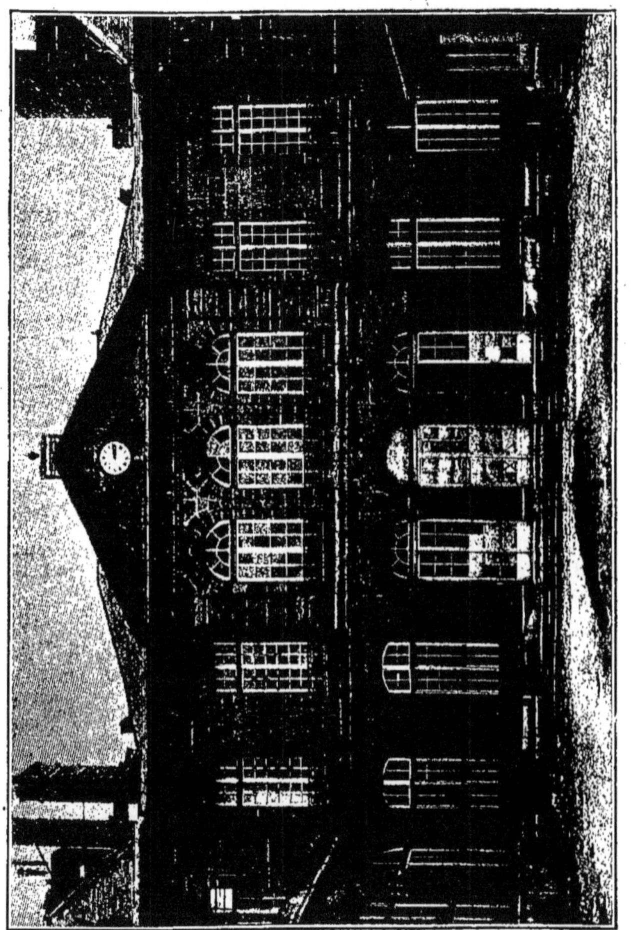

Façade de l'hôtel sur la Cour d'honneur (état actuel).

et sous la conduite du sieur Aubert, une maison très remarquable, pour M. Peirenc de Moras, Maître des Requêtes, Chef du Conseil de la Maison de Condé et Inspecteur général de la Banque [1].......... seigneur de Saint-Priest, de Clinchamp et autres lieux, et chef du Conseil de S. A. S. Madame la duchesse douairière de Bourbon.[2] », qui habitait où est actuellement la Chambre des députés.

Blondel, « plus connu par son enseignement que par ses travaux [3] », écrivait, vingt ans après l'achèvement de la construction : « Cet hôtel a été bâti en 1728 sur les dessins de M. Gabriel le père [4], premier architecte du roi, et sous la conduite de M. Aubert, architecte, pour M. Perrin de Moras, Maître des Requêtes [5]. »

Après que l'hôtel fut « élevé entre cour et jardin [6] » et qu'ensuite, en 1731, l'aménagement intérieur fut terminé, Peyrenc de Moras quitta sa demeure de la rue Louis-le-Grand [7] pour venir habiter « la plus superbe maison qu'il y eut à Paris [8] ».

« La solidité de cet Édifice, la distribution des Appartements, l'étendue des Jardins et des Cours, la richesse de ses décorations intérieures et la magnificence des meubles, le pouvaient mettre en parallèle avec les Palais des plus grands seigneurs........ [9] »

Sitôt installé, Peyrenc de Moras achetait un terrain de 363 toises et une pièce de terre de 4 arpents, 13 perches 2/3 appartenant aux Invalides, tenant d'un bout à la terrasse du jardin et de l'autre à l'endroit marqué pour continuer la rue de Babylone[10], d'un côté aux terres des dames Julliet et de Sessac, d'autre au chemin destiné pour finir le boulevard, le tout de Nicolas-Prosper Bauyn, chevalier, seigneur d'Angervilliers, ministre et secrétaire d'État ayant le département de la Guerre et, en cette qualité, administrateur de l'Hôtel des Invalides (voir le plan dit de Turgot, angle droit supérieur, page 7).

1. Germain Brice, *Description de la Ville de Paris et de tout ce qu'elle contient de remarquable*, t. IV, p. 30, éd. 1752.

2. Piganiol de la Force, *Description historique de la Ville de Paris*, t. VIII, p. 102. Paris, 1765.

3. Roger Peyre, *Histoire générale des Beaux-Arts*, p. 660. Paris, 1898.

4. Jacques-Jules, né à Paris le 6 avril 1667, mort à Fontainebleau le 23 avril 1742 (Darsy, Paris, 1889, t. I, p. 1185). — Fils de Jacques qui était l'un des cinq petits-fils de Jacques Gabriel.

5. Blondel, *Architecture française*, liv. II, chap. II, p. 205. Paris, 1752.

6. Berty, *Topographie historique du Vieux-Paris*. Le faubourg Saint-Germain, t. II, p. 156. Paris, 1882.

7. *Almanach royal de 1722 à 1730.*

8. *Journal de Barbier*, t. II, p. 362, éd. 1857.

9. Germain Brice, *Description de la Ville de Paris et de tout ce qu'elle contient de remarquable*, t. IV, p. 30, éd. 1752.

10. On voit par là que le chemin qui reliait le Cours à la rue de Bourgogne prolongée n'avait aucune existence légale.

Façade de l'hôtel sur les jardins (état actuel)

La dite acquisition faite moyennant une rente foncière perpétuelle et non rachetable de 223 livres envers le dit Hôtel des Invalides, payables chaque année.

Le contrat fut passé par-devant Barbier, le 11 janvier 1732; insinué par Thierry le 23 mars et ensaisiné par les fermiers généraux des recettes de l'Abbaye le 11 avril. Lettres patentes du roi de janvier 1733; arrêt du Parlement du 31 août 1734 [1].

Un an plus tard, le 20 novembre 1732, Peyrenc de Moras mourait, « âgé de quarante-neuf ans [2] ».

« Il est mort hier un de nos Crésus, M. de Moras, qui laisse huit à neuf cent mille livres de rentes, des palais, des châteaux, de grandes terres, et tout cela acquis en très peu de temps. Il n'avait pas cinquante ans........ Ce beau palais, élevé auprès de celui de Mme la Duchesse (actuellement Chambre des députés) et presque son rival, n'a guère duré. M. le curé de Saint-Sulpice n'y a guère gagné pour son église et n'a pas trouvé son affaire, car il a été exclu de la maison [3]........ Madame la Duchesse n'était point triste de la mort de son intendant [4]. »

Abraham Peyrenc de Moras était à sa mort « riche de douze à quinze millions, tant en fonds de terre qu'en meubles, pierreries et actions de la Compagnie des Indes. Il avait plus de six cent mille livres de rentes avec deux ou trois millions d'effets mobiliers [5] ».

« Voilà un homme de rien qui, en deux ans de temps, était devenu plus riche que les princes......... [6]. »

CHAPITRE V

DESCRIPTION SOMMAIRE DES LIEUX

Plan général. — « L'emplacement de cet hôtel (de Moras) a de longueur 100 toises sur 54 de large (la toise équivaut à 1 mètre 949 cm.) et est

---

1. Actes notariés déposés chez M. Ménage, administrateur judiciaire.

2. Piganiol de la Force, *Description historique de la Ville de Paris*, t. VIII, p. 102. Paris, 1765. « Âgé de quarante-six ans », *Mercure de France*, décembre 1732.

3. Languet de Gergy, curé de Saint-Sulpice, était « fameux par ses saintes extorsions sur lesquelles il a élevé le bâtiment de son église ». *Journal et Mémoires de Charles Collé*, t. I, p. 306. Paris, 1868.

4. *Mémoires de Mathieu Marais*. Lettre LIe, 21 novembre 1732, t. IV, p. 442, éd. 1868.

5. *Journal de Barbier*, Chronique de la Régence et du règne de Louis XV, t. II, p. 362. Paris, 1857.

6. *Journal de Barbier*, Chronique de la Régence et du règne de Louis XV, t. II, p. 363, éd. 1857.

occupé du côté de l'entrée par une grande cour de 16 toises de largeur sur 24 de profondeur..

« Au fond de la grande cour et en face de la porte d'entrée s'élève le principal corps de logis qui a de longueur 21 toises 2 pieds sur 10 toises de profondeur, lequel est isolé et élevé sur une terrasse de 6 pieds d'élévation. [1]..

« Ce bâtiment a été décoré dans les dehors avec autant de simplicité qu'on avait introduit de faste dans le dedans. Un avant-corps composé de trois arcades à chaque étage, couronné d'un fronton, deux pavillons de deux croisées et deux arrières-corps forment l'étendue de cette façade qui a de longueur 21 toises 2 pieds sur 7 toises 1 pied de hauteur, terminée par des combles à deux égouts qui sans doute auraient été mieux continus que divisés en trois parties.....

« La suppression d'un chêneau continu dans ce bâtiment est sans doute une des raisons qui ont obligé l'architecte d'introduire un fronton dans les avant-corps du milieu de ces façades, afin d'empêcher par là l'eau des combles de tomber sur le perron qui sert d'entrée aux appartements, les corniches inclinées de cette espèce d'amortissement rejetant les eaux à droite et à gauche de l'avant-corps. ...... Au reste, on pourrait dire que les arrière-corps de cette façade sont trop étroits, que la forme des croisées n'est pas d'un beau choix, non plus que les arcades de l'avant-corps du milieu, au premier étage ; que les trumeaux de celles du rez-de-chaussée sont trop étroits et en général que la distribution et la décoration intérieure sont beaucoup supérieures à l'aspect des façades.........[2-3]. »

Passant du côté du jardin où l'hôtel prend un aspect moins sévère :

« Cette façade est aussi composée de trois avant-corps; mais, pour éviter (e trumeau du milieu qui se remarque dans les pavillons du côté de la cour, on a, dans cette élévation, arrondi les angles de ceux-ci et placé une seule croisée dans le milieu; ce qui réussit mieux dans l'intérieur que dans l'extérieur parce que la proportion de l'avant-corps du milieu de ces pavillons est trop svelte, pendant qu'au contraire les tours rondes qui l'accompagnent rendent toute la masse de ces mêmes pavillons trop pesante. Les arcades du premier étage ne sont pas traitées avec plus de succès, et le grand balcon, soutenu par les consoles, qui se remarque dans l'avant-corps du milieu, n'exprime pas une bonne architecture ; il est des moyens plus raisonnables de pratiquer une saillie convenable aux balcons extérieurs.

« Il est aisé de s'apercevoir du mauvais effet que produisent les amortissements des pavillons des extrémités de cette façade, dont non seulement la masse est trop faible pour l'architecture qui les reçoit, mais qui, prenant

---

1. Blondel, *Architecture française*, liv. II, ch. II, p. 205. Paris, 1752 (1 pied $= 0^m 325$).
2. Blondel, *Architecture française*, liv. II, chap. II, p. 208. Paris, 1752.
3. « Pénétrons dans la cour d'honneur........, la façade du vieil hôtel... dans sa noble simplicité..... emprunte toute sa beauté à la justesse des proportions et à l'harmonieuse disposition des ouvertures...... » Journal des *Débats*, feuilleton du 8 novembre 1907, *En flânant*, André Hallays,.

naissance sur l'égout des combles, semblent postiches et n'avoir aucun rapport avec le reste du bâtiment [1-2]. »

Ces deux façades ont été modifiées à la construction en ce qui concerne les combles.

Plan du rez-de-chaussée. — « Les appartements qui le composent sont susceptibles de toute l'élégance et de la commodité qu'on exige ordinairement dans un grand hôtel (voir plan annexé, p. 17).

« Les enfilades sont ménagées avec art et selon les règles de la distribution la plus exacte; celle A B est heureusement terminée par les deux cabinets placés aux deux extrémités de ce bâtiment dont la forme intérieure est ingénieuse, mais qui ne réussit pas si bien dans le dehors.

« Le vestibule qui donne entrée aux appartements est un peu spacieux pour le salon, ne pouvant servir d'antichambre que l'été à cause des arcades qui annoncent l'escalier... Sans doute, la grandeur de la cage de l'escalier a déterminé la forme carrée de ce vestibule et l'on peut observer, à cette occasion, que non seulement il était possible de la faire plus petite, mais aussi qu'il aurait mieux valu que la rampe eût été placée en P, parce qu'elle se serait mieux présentée en entrant dans ce vestibule et que les marches de la première rampe placées du côté des croisées font toujours un assez mauvais effet. Il est vrai que par la distribution de cet escalier, la rampe supérieure qui se serait trouvée du côté du mur de face aurait ainsi interrompu la proportion de la hauteur des croisées, mais il fallait surmonter cette difficulté en faisant régner le grand palier du premier étage le long du mur de face d'où il serait résulté une communication bien plus commode entre la droite et la gauche du bâtiment [3].

« A la gauche de ce vestibule est placée une salle à manger du milieu de laquelle, au point N, les enfilades EF et LM se rencontrent exactement, aussi bien que toute la distribution de ce plan qui est symétrique par la disposition des pièces, leur forme et leur proportion... [4]. »

Plan du premier étage. — « Cet étage est composé de quatre appartements de maîtres, dont le diamètre des pièces est assujetti à celui du rez-de-chaussée. Celui considéré comme petit appartement (donnant sur la cour des cuisines) aurait été mieux annoncé si le palier du grand escalier se fût trouvé du côté des croisées,... au lieu qu'il faut, pour y arriver, passer par le petit escalier. Cet escalier est pratiqué ici pour monter aux combles... On observera que la marche du palier du premier étage porte à plomb des arcades

---

1. Blondel, *Architecture française*, liv. II, chap. II, pp. 208-209. Paris, 1752.
2. « C'est sur l'autre face de l'édifice, tournée vers le jardin, que l'architecte a déployé toute la grâce de son imagination. D'opulentes consoles de pierre soutiennent le balcon du premier étage.....; des clefs charmantes surmontent les fenêtres...; de chaque côté du corps principal s'avance un pavillon en saillie dont le dessin est un miracle de grâce et d'élégance. Cette façade exquise... » Journal des *Débats*, feuilleton du 8 novembre 1907, *En flânant*, André Hallays.
3. Blondel, *Architecture française*, liv. II, chap. II, p. 206-207. Paris, 1752.
4. Blondel, *Architecture française*, liv. II, chap. II, p. 207. Paris, 1752.

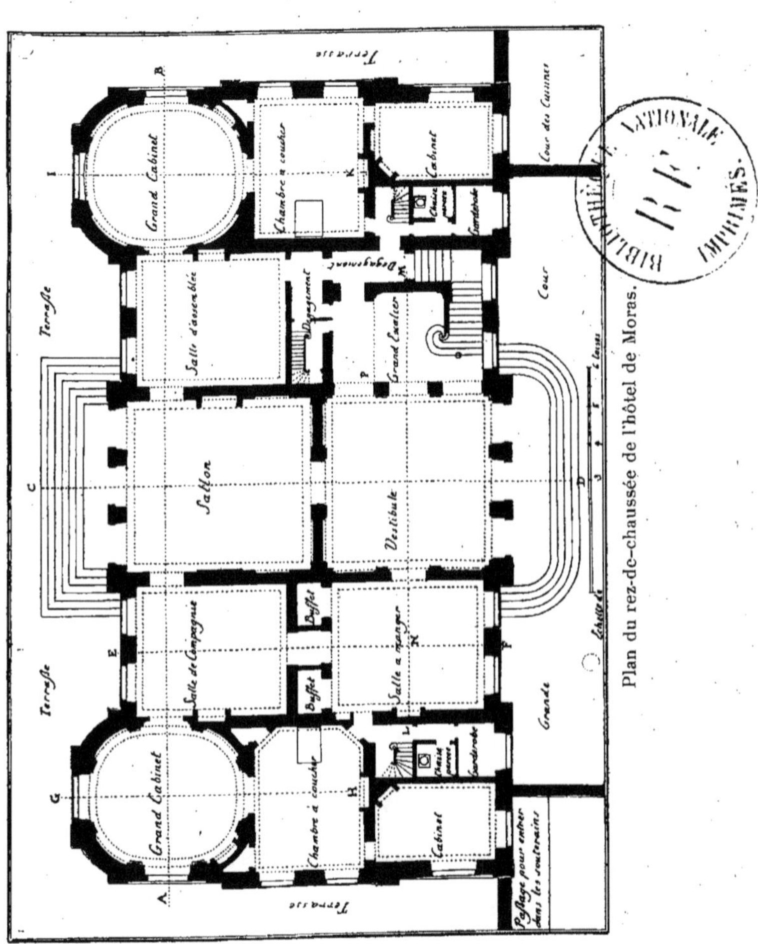

Plan du rez-de-chaussée de l'hôtel de Moras.

du vestibule au rez-de-chaussée, de manière que la cloison du vestibule du premier étage porte à faux sur le plancher qui, par sa grande portée, devient peu solide. Toute la construction de ce bâtiment a été d'ailleurs fort négligée, ainsi que son appareil qui est exécuté avec assez peu de soin, comme le sont la plupart des édifices de nos jours, qui sont érigés trop rapidement et où l'on préfère une possession prompte et instantanée à l'avantage de bâtir pour la postérité [1]. »

L'intérieur de l'hôtel dut être décoré selon le goût nouveau imposé par la réaction artistique qui suivit la mort de Louis XIV.

« La grande différence fut alors que l'accessoire devint le principal : ce qui jusque là se dissimulait arriva en pleine lumière [2]. » Il est donc admissible que, dès le début, l'hôtel fut sculpté et peint avec élégance et délicatesse, les mêmes artistes servant la noblesse difficile et les fermiers généraux. Les grands financiers qui prennent alors place dans la haute société veulent passer pour être un peu « libertins ». L'argent rapidement amassé trouve son excuse en tombant de la main d'un Mécène ; l'homme qui paie les artistes est parfois un connaisseur, cela le relève et prouve le bon état de ses affaires [3]. Tout ne fut pas cependant abandonné aux fantaisies de la dernière mode, les artistes partisans du nouveau genre avaient reçu les leçons de maîtres qui ne livraient que des œuvres sérieuses au bon goût de la classe aisée.

Rigaud et Largillière vivants imposaient leur censure, cependant les artistes peignaient plus coloré et plus fin que Lebrun dont ils devaient subir longtemps les tendances.

La boiserie ne triomphait pas encore et l'on attachait toujours des tableaux aux murs où la ligne droite n'avait plus un rôle exagéré dans l'ornementation.

Les pièces se meublaient plus commodément et des dégagements intérieurs donnaient du confort aux appartements.

CHAPITRE VI

VACANCE DE LA PROPRIÉTÉ

Peyrenc de Moras mourut « laissant cette propriété à sa veuve, Anne Fargès, sotte et impertinente créature qui aurait donné sa fille au roi

---

1. « L'intérieur de l'édifice.. ; nous ne pouvons guère admirer que l'ingéniosité du plan, l'agrément de la distribution, la forme élégante des salons... » *Journal des Débats*, feuilleton du 8 novembre 1907. « *En flânant* », par André Hallays.
2. Roger Peyre, *Histoire générale des Beaux-Arts*, 1898, p. 655.
3. Delahante, *Une famille de finance au XVIII° siècle.*

de Naples, sans la répugnance qu'elle avait pour la province » ; cependant « plus d'un seigneur à la cour songeait à cette riche veuve [1] » qui restait avec ses trois enfants [2] : l'aîné, François-Marie, alors âgé de quatorze ans, devint, avec le temps et la fortune, ministre de la marine et mourut, le 3 mai 1771, rue du Regard ; le second, Alexandre-Louis, âgé de dix ans, termina sa vie comme commissaire aux requêtes du Palais ; Anne-Marie, née en février 1724, épousa le comte de la Roche-Courbon, en 1737, et le comte Merle de Beauchamp, en 1750.

La veuve de Moras, lassée de tenir une si grande maison « garnie de seigneurs qui lui faisaient la cour » et particulièrement « M. de la Motte-Houdancourt, lieutenant général des armées du roi, homme de condition et bien fait » qui avait « l'honneur de ses bonnes grâces » [3], résolut de céder son hôtel.

« Moras étant mort le 20 novembre 1732, âgé de 49 ans, son épouse vendit à vie l'hôtel en 1736 à S. A. S. Mme Louise Bénédictine de Bourbon, veuve de S. A. S. Louis-Auguste de Bourbon, duc du Maine [4]. »

<hr>

CHAPITRE VII

HÔTEL DU MAINE

« Anne-Louise-Bénédictine de Bourbon [5], fille de Henri-Jules duc de Bourbon et d'Anne de Bavière et petite-fille du grand Condé, naquit le 8 novembre 1676. Elle fut mariée à l'âge de seize ans au duc du Maine [6] », second fils de Louis XIV et de la marquise de Montespan, né le 30 mars 1670, légitimé le 29 décembre 1673 [7]. La force de la

1. *Journal de Barbier*, t. II, p. 362-363. Paris, 1857.
2. *Journal de Barbier*, t. II, p. 363. Paris, 1857.
3. *Journal de Barbier*, t. III, p. 109. Paris, 1857. En ce qui concerne de la Motte, il s'agissait de la maison de campagne de M. de Moras, à Chèreperrine, château près d'Origny-le-Roux, arrondissement de Mortagne. Le comte de Courbon ne tarda pas à remplacer La Motte-Houdancourt auprès de la veuve qui lui donna un appartement dans sa maison et mit tous les jours son carrosse à sa disposition. Courbon devait plus tard enlever Mlle de Moras, scandale qui donna lieu à un procès plus scandaleux encore.
4. Piganiol de la Force, *Description historique de la ville de Paris*, t. VIII, p. 102-103. Paris, 1765.
5. Le portrait de la duchesse de Bourbon est au Musée national de Versailles.
6. *Journal de Barbier*, t. I, p. 14. Paris, 1857. Le portrait du duc du Maine est au Musée de l'Armée (Artillerie).
7. Édit de Marly, juillet 1714 ; enregistré au Parlement le 2 août suivant.

volonté contrastait chez la duchesse avec une apparence chétive.
Aussi vive et entreprenante que le duc était doux et tranquille, aimée
de Louis XIV à cause de ses sentiments de grande piété, elle obtint
que « le roi apprit lui-même au duc du Maine, quelques jours avant
sa mort, les dispositions de son testament » [1]. C'était l'élévation des
bâtards royaux [2], la survivance des charges du duc du Maine et le
rang pour ses enfants [3].

Ambitieuse et irréfléchie, elle profita de l'inertie du duc pour se
livrer à de hasardeuses combinaisons politiques. Le magnifique
domaine de Sceaux acquis par son mari en 1700 réunissait sans
choix, sous le couvert de divertissements anodins, des conspirateurs
occasionnels qui entretenaient les illusions chez le duc et la duchesse
du Maine [4]. Aussi, Saint-Simon put-il écrire que le duc « creva de
joie en apprenant la mort de son père ». Cette joie fut écourtée
par la communication du testament qui instituait une régence ; elle se
changea en fureur quand le Parlement, passant outre aux volontés
royales (1717), réduisit les prérogatives du duc à des fonctions
purement honorifiques. « Cela fit murmurer parce que le duc du
Maine était un prince très sage et très estimé [5]. »

« La surintendance de l'éducation du jeune roi restée au duc du
Maine lui donnait droit de loger aux Tuileries. Mᵐᵉ la duchesse du
Maine y avait un appartement aussi [6] » ; cette haute fonction lui

1. *Mémoires de Mᵐᵉ de Staal* (coll. Duclos), t. 77, p. 322.
2. Saint-Simon, t. XII, pp. 92 et 423. Paris, 1906.
3. Saint-Simon, t. XII, p. 517. Paris, 1906.
4. Lieu d'intrigues plutôt énervantes que dangereuses, témoin la création de l'Ordre
de la « Mouche à miel » avec cette devise : « Piccola si, ma fe pur gravi la ferite », peut-être
moins puérile en italien qu'en français : « Elle est petite, oui, mais elle fait de cruelles
blessures ». (Institution du 11 juin 1703).
Parmi les assidus des réunions de Sceaux, on trouvait son frère le duc de Bourbon qui
lui adressait les vers suivants, — sa confession pourrait-on dire — :

> Ce qui chez les mortels est une effronterie,
> Entre nous autres demi-dieux
> N'est qu'honnête galanterie.

le cardinal de Polignac — en même situation que le duc de Bourbon — (*Corr.
duchesse d'Orléans*, t. I, p. 422, et t. II, p. 299), Malézieu, Saint-Aulaire, la demoiselle
Delaunay, sa servante, puis sa confidente, plus tard épouse de Staal (*Mémoires du duc
de Luynes*, t. X, p. 284, édition de 1862.
5. Lecture de la requête du duc de Bourbon, chef de la maison de Condé, contre le
duc du Maine, pour demander la surintendance de l'éducation du roi, le 26 août 1718.
Remontrances du Parlement de Paris, 1715-1753. Lit de justice, p. 113, et *Chronique de la
Régence*, Barbier, t. I, p. 11, éd. 1857. Arrêt du conseil du 21 août 1718. Édit qui
dégrade le duc du Maine, enregistré ce même jour par le Parlement (*Journal de Barbier*,
t. I, p. 13).
6. *Mémoires de Mᵐᵉ de Staal*, t. I, p. 169. Paris, 1822.

étant enlevée, elle dut retourner à l'hôtel de Mesmes [1] où elle logeait auparavant.

Enfin, la duchesse du Maine perdit son dernier atout dans la folle conspiration dirigée par le prince de Cellamare, ambassadeur d'Espagne, en 1718. Elle fut arrêtée au cours de la nuit du 26 au 27 décembre 1718 « dans une maison de la rue Saint-Honoré qu'elle avait prise pour être plus à portée des Tuileries [2] ». Elle était internée à Dijon, avec une seule femme pour toute suite, puis, à dater de mai 1719, durant quinze mois, à Chalon, tandis que son mari l'était à Doullens [3]. Après leur captivité, le duc [4] se retira à Chagny, elle rentra disgraciée à Sceaux en 1720. Cependant, « à cause du mauvais état de ses affaires, le roi accorda à la duchesse, au cours de l'audience du mercredi 14 août 1720, une pension de 40.000 écus payés 10.000 livres par mois [5]. »

Le duc du Maine, réconcilié avec sa femme (trop dépensière) [6] mourut à Sceaux le 14 mai 1736, entouré par la duchesse de plus de soins, malgré le cancer qui lui rongeait le visage, qu'elle ne l'en avait pourvu quand elle croyait faire de la haute politique.

Bien qu'âgée alors de soixante ans, elle voulut, en maîtresse de maison, vivre ses dernières années dans la capitale et s'entourer d'une somptuosité nécessaire aux noms de Bourbon et du Maine qui étaient les siens ; son choix tomba sur l'hôtel que la veuve de Moras cherchait à céder.

« Mᵐᵉ la duchesse du Maine en fit l'acquisition [7], le 1ᵉʳ août 1736, au prix de 100.000 livres payables comptant, en espèces, plus 50.000 livres affectées à la construction d'un bâtiment pour les officiers de sa Maison. En conséquence, elle fit construire dans le potager une aile de bâtiment qui lui a coûté 80.000 livres, dans laquelle demeurèrent MM. les écuyers, intendants, aumônier, médecin, secrétaire, etc... ce bâtiment n'ayant pour objet que la commodité [8]. »

Il fut dressé trois états des lieux par Jean Aubert, architecte des bâtiments du Roi, de la part de la duchesse, et par Huber Pluyette,

1. Rue du Temple, n° 62 (d'Aucourt), *Les anciens hôtels de Paris*, p. 51. Paris, 1890.
2. Mémoires relatifs à l'histoire de France (*Mémoires secrets de Duclos*) (1718), t. 76, p. 312, éd. 1829. Jean Buvat, *Journal de la Régence*, t. I, p. 343. Paris, 1865.
3. Barbier, *Chronique de la Régence*, t. I, p. 26 (duc) et 27 (duchesse), éd. 1857.
4. « C'est le plus fameux des hypocrites ». *Correspondance de la duchesse d'Orléans*, t. I, p. 335.
5 *Journal du marquis de Dangeau*, t. XVIII, p. 336, éd. 1860.
6. *Correspondance de la duchesse d'Orléans*, t. II, p. 161.
7. Germain Brice, *Description de la ville de Paris et de tout ce qu'elle contient de remarquable*, t. IV, p. 30-31, éd. 1752.
8. Blondel, *Architecture française*, t. II, chap. ii, p. 205. Paris, 1752.

inspecteur des bâtiments du Roi, de la part de Mme de Moras et du représentant des enfants mineurs, l'avocat de Salaville, leur tuteur.

La duchesse entra en possession de l'hôtel le 15 janvier 1737 et

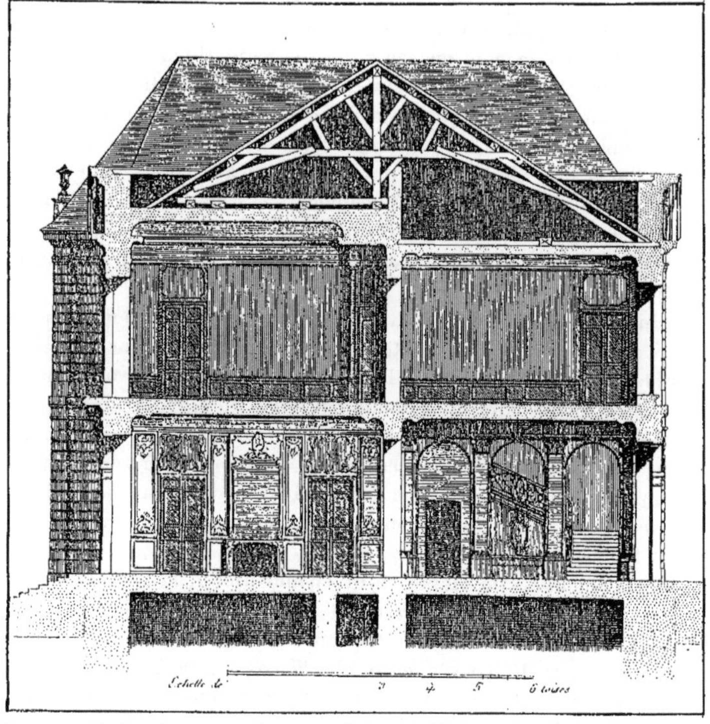

Coupe verticale suivant une ligne symétrique à EF du « plan du rez-de-chaussée de l'hôtel de Moras », page 17.

« n'épargna rien pour en faire une demeure digne d'une grande princesse [1]. »

Immédiatement la propriété fut nommée « Hôtel du Maine ».

Dans le vestibule du rez-de-chaussée, « elle fit fermer les arcades par des portes-croisées, afin de pouvoir, de cette pièce, faire une antichambre pour la livrée et condamna la porte qui conduisait de cette pièce dans le salon [2]. »

1. Germain Brice, *Description de la ville de Paris et de tout ce qu'elle contient de remarquable*, t. VI, p. 30-31, éd. 1752.
2. Blondel, *Architecture française*, t. II, chap. II, p. 206. Paris, 1752.

« A gauche du vestibule[1] » la salle à manger de Moras fut convertie en « une seconde antichambre [1]». « Quelques petits cabinets que la duchesse du Maine y avait fait distribuer et décorer avec beaucoup de goût et d'élégance[1] » modifièrent un peu la distribution primitive. « Ces changements consistèrent dans un oratoire, des toilettes, des garde-robes[2] », etc., qui ne furent pas une augmentation considérable et les pièces principales n'eurent de différence que dans leur usage, la salle de compagnie tenant lieu d'antichambre pour les officiers et la salle d'assemblée qui lui était opposée servant de chambre à coucher de parade. On avait aussi pratiqué sous le palier (P du plan) du grand escalier, une chapelle, celle des souterrains (du temps des Moras) étant aussi incommode (à cause d'une humidité persistante) que celle-ci était placée peu convenablement[1].

« Tous ces appartements étaient décorés avec une très grande magnificence et ornés de glaces, de dorures, de sculptures de goût et de meubles de prix[3]. »

Au premier étage, « les appartements (dont la plupart étaient de commodité[3], » et depuis servirent « de logement aux Dames d'honneur de Madame la duchesse, furent décorés avec plus de symétrie que de magnificence ; ils ont aussi été sujets à quelques changements... pas considérables[3] ».

Un an après la prise de possession de l'hôtel par la duchesse du Maine, le 11 janvier 1738, Marie-Anne-Josèphe, veuve de Moras, mourait de chagrin « en déplorant le sort de Courbon et l'infortune de sa fille[4] ».

Il va sans dire que les transformations signalées ci-dessus se firent au goût de l'époque : boiseries fines, genre Guibert, dont les reliefs blancs et dorés se détachaient sur un fond vert d'eau ; dessus de porte probablement de Pater, de Natoire ou de Lépicié, aux figures spirituelles, aux chaudes couleurs[5].

1. Blondel, *Architecture française*, t. II, chap. II, p. 207. Paris, 1752.
2. *Vestiarium* que Perraut entend dans Vitruve par *cella familiarica*.
3. Blondel, *Architecture française*, t. II, chap. II, p. 207. Paris, 1752. Au xviii° siècle, « on ne s'asseyait, écrit Mᵐᵉ de Genlis, que sur des chaises et non sur les canapés et dans les fauteuils qui n'étaient que meublans » (*Dict. des étiquettes de la Cour*, t. I, p. 189). « Les lits des grands seigneurs ont depuis cinq à sept pieds de large sur sept et même huit de long... afin que la grandeur de leur lit réponde en quelque sorte à celle de leur appartement ». Roubo, *L'art du menuisier en meubles*, p. 668.
   A. de Champeaux, *L'art décoratif dans le Vieux Paris*, p. 130 « Malgré l'attribution des plans à Gabriel et Aubert, les dispositions intérieures de l'édifice présentent de trop étroites affinités avec le style de Boffrand pour ne pas supposer que la duchesse du Maine se soit adressée à lui pour compléter l'œuvre de ses devanciers ».
4. D'Andigné, Annexe au procès-verbal de la Commission municipale du vieux Paris, séance du 16 novembre 1907, p. 326, 2ᵉ colonne.
5. J. Bertot, *Décors intérieurs et extérieurs*, p. 9 (sans date). « Dans la deuxième moitié du xviii° siècle, il fut très à la mode de revêtir les murs des appartements de réception de lambris en bois qui en occupaient toute la surface, du parquet au plafond. Ces lambris étaient peints d'un seul ton, souvent entièrement blanc, mais parfois aussi

Il est probable même que le tympan de la façade sur le jardin fut sculpté du temps de la possession par la duchesse du Maine dont les traits ont de la ressemblance avec le personnage principal du groupe représenté et inspiré du tableau de Coypel, déclamateur de l'école de

Portrait de la duchesse du Maine.
(Lithographie exécutée par Delpech d'après le tableau du musée de Versailles).
Collection de M. Édouard Mahé.

Jouvenet. Le sculpteur aurait, selon l'opinion des derniers propriétaires, les Dames du Sacré-Cœur, pris pour modèle la duchesse elle-même et ses enfants [1] et le groupe représenterait la Gloire couronnant l'Hyménée.

légèrement coloré. » On pouvait faire varier les colorations d'une pièce à l'autre « salon... vert léger, chambres à coucher roses, salle à manger jaune » etc... « Ce mode de décoration avait grand air et faisait très bel effet aux lumières »... « Les champs étaient plus foncés que les panneaux tout en restant du même ton. »

1. Le couple eut sept enfants, quatre garçons, trois filles.

Il n'a pas été possible de voir la signature de cette œuvre gracieuse ; elle rappelle le genre d'Anselme Flamen ou Flamin, on pourrait l'attribuer à Edme Dumont ou aux maîtres de Ruxthiel et de Chaudet [1].

A l'hôtel du Maine, la vie de la duchesse [2] dut couler très calme ; elle s'y contentait d'un luxe suffisant pour révéler la maison de ville d'une bru de roi. Le temps était passé où « elle s'était fait accommoder plusieurs habitations dont elle faisait usage de temps en temps », quand « elle menait partout avec elle une assez nombreuse cour et partout avait son jeu qui a été longtemps le biribi et, depuis, la cavagnole [3] ».

Les divertissements, joutes sur l'eau, comédies et tournois littéraires et enfin les « grandes nuits [4] » qu'elle offrait à ses hôtes quand elle habitait Sceaux n'étaient guère rappelés et seulement en souvenir que par les gens de son âge qui disaient de Voltaire qu'il avait composé *Zadig* chez Madame la duchesse du Maine [5].

L'hôtel avait encore l'inconvénient des alentours : trop d'invalides casernés de l'autre côté du Cours et ce Cours lui-même (boulevard des Invalides) où les eaux stagnantes provenant des égouts de toute une partie du faubourg Saint-Germain exhalaient des odeurs insupportables. Elle s'y ennuyait, et l'on peut se demander si en 1752, sa dernière année, elle y composa l'un de ces « Noëls dont le dernier couplet était tourné à sa gloire [6] ».

« Cette princesse est morte le 23 janvier 1753 [7] » « des suites d'un rhume qu'elle ne put cracher. Elle était dans sa 78ᵉ année depuis le 8 novembre [8]. »

« Le corps de Mᵐᵉ la duchesse du Maine fut porté le vendredi,

---

1. Dumont, 1720-1775. Auteur du Milon de Crotone essayant ses forces, morceau de réception ; l'Expérience et la Vigilance, fronton destiné à l'Hôtel des Monnaies, etc. Ruxthiel et Chaudet, qui ont sculpté Zéphire et Psyché, mirent des ailes de papillon à leur sujet principal ainsi qu'on en voit au fronton de l'hôtel du Maine ; il en est de même pour Milhomme avec sa statue de Psyché exécutée à Rome.

2. Le blason du Maine était : de France, au bâton de gueules péri en barres (Anselme, *Histoire généalogique*, t. VIII, p. 193. Paris, 1733). Louis-Auguste et Louis-Charles, l'un après l'autre, succédèrent à leur père, le duc du Maine, dans la principauté de Dombes (le second était comte d'Eu).

3. *Mémoires du duc de Luynes*, t. XII, p. 345, éd. 1862.

4. *Mémoires de Mᵐᵉ de Staal*, t. I, p. 155. Paris, 1822.

5. *Mémoires du duc de Luynes*, t. VIII, p. 353, éd. 1862.

6. *Journal et mémoires de Mathieu Marais*, t. IV, p. 458, éd. 1868.

7. Piganiol de la Force. *Description historique de la ville de Paris*, t. VIII, pp. 102 et 103. Paris, 1765.

8. *Mémoires du duc de Luynes*, t. XII, p. 314, éd. 1862. « A l'âge de 76 ans passés », dit Barbier, t. V, p 316, éd. 1857. *Gazette*, 1753, p. 46.

26 janvier, de Paris, où elle est morte, à Sceaux qu'elle a choisi pour sa sépulture. Elle n'avait rien ordonné pour son enterrement ; on a jugé à propos de le faire sans cérémonie [1]... »

CHAPITRE VIII

HÔTEL DE BIRON (GONTAUT)

Par suite du décès de la duchesse du Maine, la propriété retourna à la famille de Moras qui, établie dans ses hôtels particuliers, chercha à s'en défaire [2].

« J'ai appris que M. le duc de Biron [3] achète la maison où est morte Mme la duchesse du Maine ; la cour est grande, le jardin fort beau, la maison vaste et ornée ; elle appartient à M. de Moras, maître des requêtes. Mme la duchesse du Maine l'avait achetée à vie, elle y avait fait beaucoup de dépenses ; on l'appelait l'hôtel du Maine, mais ce n'est pas le véritable hôtel du Maine qui est rue de Bourbon (Lille) et qui appartient à M. le prince de Dombes [4]. Par la mort de Mme la duchesse d'Estrées (Vaubrun), M. de Biron avait hérité de l'hôtel d'Estrées, rue de Grenelle, et d'une petite maison qui joint celle-là où est morte Mme de Tréville (Rannes) ; quoique l'hôtel d'Estrées soit une fort jolie maison, elle était trop petite pour M. de Biron, même avec la petite maison ; il avait compté y faire une augmentation de bâtiments et s'était arrangé pour y employer 200.000 francs ; il avait déjà fait venir des pierres pour commencer le bâtiment.

« Dans ces circonstances, on lui a proposé l'hôtel du Maine de M. de Moras ; le marché vient d'être conclu ; on le dit avantageux aux deux parties, au moins par rapport à la convenance. M. de Biron donne à

---

1. *Mémoires du duc de Luynes*, t. XII, p. 346, éd. 1862.

2. « La duchesse mourut à 77 ans, dans son hôtel où le maréchal de Matignon la remplaça. » Lefeuve, *Les anciennes maisons de Paris*, t. IV, p. 130, éd. 1873. Cette assertion manque de certitude. « Après la mort de la duchesse du Maine, l'hôtel passa par diverses mains avant de devenir la propriété du maréchal de Biron en 1775 » (André Hallays, *Journal des Débats*, feuilleton du 8 nov. 1907). Or, le maréchal de Matignon mourut en 1729 ; en 1723 il habitait rue de Varenne, n° 45 ; peut-être est-ce de là que vient la confusion, à moins que ce soit d'un autre Matignon qu'il s'agisse ; pourtant le contrat de vente ne signale comme dernier occupant que la duchesse du Maine.

3. Il habitait alors rue Saint-Dominique, n° 96. Son portrait gravé à l'eau-forte se trouve au Cabinet des Estampes de la Bibliothèque nationale. Un autre portrait est au Musée de l'Armée (Artillerie).

4. En 1682, Louis XIV avait nommé le duc du Maine : Prince souverain de Dombes, titre porté jadis par le connétable de Bourbon. (Voir renvoi 2, p. 25.)

M. de Moras l'hôtel d'Estrées et la petite maison joignante, avec les pierres qu'il avait fait venir et les 200.000 francs qu'il avait destinés pour le bâtiment ; et il entre en possession sur le champ de l'hôtel du Maine. Cette maison était trop grande pour M. de Moras à qui l'hôtel d'Estrées convient davantage [1]. »

L'acte de vente fut conclu devant Bronod, le 7 mai 1753, ensaisiné par l'intendant et fondé de pouvoirs du procureur de l'abbé commandataire de Saint-Germain-des-Prés, insinué au préalable par Thierry, le 18 du dit [2].

Le prix était fixé à 500.000 livres (dont 300.333 livres, 6 sols, 8 deniers qui devaient être payés comptant « en louis d'or, argent et monnayage ayant cours »)[2-3] comprenant l'immeuble pour 450.000 livres et les meubles, tableaux et dessus de portes, glaces, marbres, vases et bancs de jardin évalués à 50.000 livres, les frais 3.000 livres.

<pre>
        Il ne fut versé que 153.333 liv. 6 sols 8 deniers,
        puis le 13 mai 1754   44.000
            le 21 juin   —   280.000
        et le 14 déc.   —   22.666   13 — 4 —
                               ____
            Total   500.000   »   »
</pre>

Le duc et la duchesse de Biron, signataires du contrat, entrèrent en possession de leur hôtel le 15 juillet 1753 à charge de continuer la rente de 223 livres aux Invalides, d'acquitter les arrérages des cens dus à l'abbaye seigneuriale de Saint-Germain-des-Prés, les impositions, taxes, servitudes, etc. [2].

Le dit contrat portait : un grand hôtel dans lequel demeurait lors de son décès S. A. S. Madame la duchesse du Maine, sis rue de Varenne, quartier Saint-Germain-des-Prés, consistant en un grand corps de bâtiment isolé ; deux appartements au rez-de-chaussée, composés de chambres, antichambres, cabinets, salle à manger, vestibule, garde-robe, grand escalier, plusieurs appartements au premier étage ; grande cour, basse-cour, offices, remises, écuries, appartements d'officiers et domestiques, greniers et autres appartenances des dites basses-cours avec les jardins qui dépendent du dit hôtel.

Tenant d'un côté à une maison appartenant à Mme Julliet et au terrain appartenant à Mme de Sessac ; d'autre côté, au terrain destiné à faire le boulevard ; par derrière à la rue de Babylone et par devant à la rue de Varenne ;

1. *Mémoires du duc de Luynes*, t. XII, p. 388. Éd. 1862.
2. Actes notariés déposés chez M. Ménage, administrateur judiciaire.
3. La livre remplacée par le franc valait vingt sols et le sol douze deniers.

Avec un bâtiment servant de commun que feue S. A. S. Mme la duchesse du Maine a fait construire [1], tenant d'un côté à l'abbé de Broglie, acquéreur de Mme Julliet; d'autre côté à la grande cour dudit hôtel et au jardin ; d'un bout au dit jardin et d'autre bout à la rue de Varenne [2].

A cette époque, la rue de Varenne était pavée « de la rue du Bacq à la Barrière ; long. 340 t. 5 p. ; larg. moïenne 17 p. ; sup. 1547 t. 07 ». L'état du pavage était estimé devoir rester sans réparation pendant douze ans [3] »

Clé de cintre d'une porte-fenêtre.

Avant leur entrée, le duc et la duchesse de Biron firent exécuter les réparations constatées dans l'état des lieux et s'élevant à 44.815 livres, 18 sols, 7 deniers, qui leur furent remboursés le 14 septembre 1753 [4].

L'hôtel appartenait à un nouveau maître déjà célèbre que le luxe des fêtes qu'il allait y donner et particulièrement l'accès consenti, certains jours, dans les jardins renommés, allaient rendre populaire.

Biron, né le 24 février 1701, entré au service à quinze ans, commanda comme colonel au cours de la campagne d'Italie (1733-1735) ; brigadier à trente-quatre ans, puis maréchal de camp durant la campagne de Bohême (1741), il fut blessé à Prague (1742) de deux coups

1. Numéro 75 *bis* actuel. Quand le projet de poursuivre la rue de Bourgogne fut abandonné en 1723, il fut édifié, au n° 75, des communs jusqu'à l'axe de la rue de Bourgogne prolongée. Peyrenc de Moras, ayant acheté les terrains, s'appropria l'autre moitié pour en faire son potager.

2. Actes notariés communiqués par M. Ménage, liquidateur judiciaire.

3. Toisé du pavé de Paris en 1748 (manuscrit de la Bibliothèque administrative de l'Hôtel de Ville de Paris).

4. Annexe au procès-verbal de la séance du 16 novembre 1907 de la Commission municipale du vieux Paris, p. 331.

de feu à la tête ; à quarante-trois ans, il était lieutenant général ; à Fontenoy, en 1745, trois chevaux furent tués sous lui et deux blessés ; en récompense, le roi lui donna les Gardes-Françaises ; en 1747, à Lawfeld, il eut un cheval tué sous lui ; maréchal le 24 février 1757 ; gouverneur général du Languedoc en 1775.

« Il a fait assez bien son chemin puisqu'il a été nommé brigadier, inspecteur et maréchal de camp dans la seule campagne d'Italie [1]. »

Une charte du 12 avril 926 créait la baronnie de Gontaut dans l'ancienne sénéchaussée d'Agenais (département du Lot, entre la Dordogne et la Garonne). La famille des Gontaut possédait, dès le XIIe siècle, la seigneurie de Biron ; elle accrut ses domaines jusqu'au point de se trouver à la tête de cinquante terres titrées et de trois cents fiefs.

En se logeant dans l'hôtel, « le maréchal Louis-Antoine de Gontaut Biron l'avait... baptisé de son nom, marqué au frontispice des symboles de la gloire, enrichi des souvenirs d'une vie . . .[2-3] ».

Des changements furent apportés dans la distribution des terrains par des achats et des cessions : 1° Cession à de Saissac de 2 arpents (provenant des Invalides par Moras), le 7 mai 1753 ; 2° Achats de Biron à Saissac, 3 arpents et demi 9 perches un tiers et 27 pieds (contrat passé devant Bronod le 14 juillet 1753 ensaisiné le 21 par Denisot, intendant et fondé de pouvoirs de l'abbé commandataire de Saint-Germain-des-Prés, insinué le 19 octobre 1756 par Thierry). Ces deux actes conclus dès l'achat de l'hôtel. 3° Achat de deux arpents sur l'hôtel de Clermont (contrat passé devant Maréchal le 23 mai 1758, insinué le 20 mars) ; 4° 135 toises, 4 pouces pour 510 livres (Contrat Laideguive du 14 novembre 1761, ensaisiné le 21 par l'intendant général fondé de pouvoir de l'abbé commandataire de Saint-Germain-des-Prés, insinué le même jour [4]).

Ce sont ces achats qui constituent la bande rectangulaire de terrain signalée au début de la présente monographie (page 5).

Il n'est guère retenu de la carrière politique du maréchal que son

1. *Journal de Barbier*, t. III, p. 3, éd. 1857.
2. Baunard, *Histoire de M*[me] *Barat*, t. I, p. 420.
3. Les armes des Gontaut sont : l'écu en bannière écartelé d'or et de gueules. Généalogie du P. Anselme (1873-1881), pp. 370 et 587. *Hist. généal.*, Anselme, t. VII, p. 294-XCVII. Paris, 1733.
4. Actes notariés déposés chez M. Ménage, liquidateur judiciaire, 44, rue des Mathurins, à Paris.

intervention, — comme colonel des gardes françaises — au cours des deux émeutes provoquées par l'élévation du prix du blé en mai 1775[1] et les 26-29 août 1788 ; le vieux maréchal les réprima sans trop de dégâts[2].

Ce fut l'une des dernières occasions de sortir en armes de son hôtel « situé... proche la barrière[3] » pour se mettre à la tête de son régiment correct des gardes françaises « à la tunique bleue, aux ganses blanches[4] ».

Le maréchal est l'auteur d'un ouvrage laissé en manuscrit et qui a pour titre : Traité de la Guerre.

Entre toutes les nombreuses et brillantes réceptions qui acquirent une réputation à l'hôtel, citons la suivante à cause de son caractère particulier :

« Le 9 juin 1782, le grand-duc de Russie Paul Petrowitsch et son épouse Marie de Wurtemberg sous les noms de « comte et comtesse du Nord » furent au Champ de Mars voir manœuvrer le régiment des Gardes Françaises si bien discipliné par les soins et l'activité de

---

1. Ces émeutes qui eurent pour cause la cherté du blé ne furent pas prises au sérieux, la mode s'en empara et les femmes portèrent des *bonnets à la révolte* ; on chantait par les rues sur l'air de Joconde :

> Biron, les glorieux travaux,
> En dépit des cabales,
> Te font passer pour un héros
> Sous les piliers des halles.
> De rue en rue au petit trot
> Tu chasses la famine.
> Général digne de Turgot,
> Tu n'es qu'un Jean Farine,

Correspondance de Galliani. — Lettre à Mme d'Epinay ; Naples, 27 mai 1775, t. II, p. 404. Paris, 1881, *Journal d'un observateur* ; 23 mai 1775, t. VIII, p. 43.

2. Monin, *Paris en 1789*, p. 483-487.

3. Du Coudray, *Paris, 1782*, p. 114-119.

4. Henri Bouchot, *L'épopée du costume militaire français*, p. 98. Paris, 1898.

A l'occasion d'un jugement du Conseil de guerre aux Invalides, on chantait sur l'air de « Quand Biron voulut danser » :

> Quand Biron voulut juger (*bis*),
> Son grand sabre fit apporter (*bis*),
> Ses lunettes
> Pas trop nettes,
> Son esprit tout rond,
> Vous jugez Biron.

Journal d'un observateur, 4 décembre 1777, t. VII, p. 94. Paris, 1780.

« C'est au maréchal duc de Biron que Paris doit l'ordre et l'harmonie qui règne maintenant parmi cette phalange nombreuse et formidable ; c'est maintenant que l'on peut dire à juste titre que le soldat, loin d'être tapageur, ferrailleur, etc., est presque aussi tranquille que le bourgeois... » Voir mém. de Bachaumont, t. XXXIII, p. 124, 20 oct. 1786.

« A droite, dans la rue de Bourgogne (n° 45 actuel), la caserne de la compagnie-colonelle du régiment des Gardes-Françaises. » *Guide des amateurs et étrangers voyageurs à Paris*, par Thiéry, t. II, p. 565. Paris, 1787.

M. le Maréchal de Biron qui en est colonel. Les soldats firent diverses
évolutions... après ces exercices, le comte et la comtesse du Nord se
sont transportés à l'Hôpital des Gardes [1] et n'ont pas dédaigné d'entrer dans tous les détails qui concernent l'administration de cet hos-
pice guerrier qui doit son établissement au... maréchal de Biron [2]...»

« Le maréchal duc de Biron eut ensuite l'honneur de les conduire en
son hôtel, rue de Varenne, où une superbe collation les attendait
avec les officiers-majors et la musique du régiment qui joua continuellement des fanfares. Leurs Altesses impériales examinèrent le
jardin qui... est une merveille de Paris, admirèrent la beauté des
fleurs, la variété des plates-bandes, etc. Ils se promenèrent dans les
parterres et les bosquets, s'étonnèrent de la hardiesse et de l'élégance
des treillages formant des portiques, des arcades, des grottes, des
dômes, des pavillons chinois, etc., parlèrent avec affabilité à tous les
officiers et burent à la santé du régiment et du colonel qui poussa la
galanterie française au dernier période [3]. »

Arrivés à Paris le samedi 18 mai 1782, les comte et comtesse du
Nord étaient descendus à l'hôtel de l'ambassadeur de Russie, Baria-
tinsky, rue de Gramont ; ils quittèrent Paris dans la nuit du 19 au
20 juin [4].

En rentrant à leur palais, en Russie, ils eurent la surprise d'admirer dans les écuries deux étalons qu'ils avaient appréciés chez le
duc de Biron.

« L'hôtel de Biron qui se présente à droite, est un des plus beaux
de ce quartier ; rien n'égale la beauté des *Jardins* de cet hôtel que
les curieux doivent s'empresser d'aller voir depuis le 1er avril jusqu'au 1er octobre. Ce jardin joint à la vaste étendue, la promenade la
plus agréable par la beauté des fleurs qu'on y cultive, la grande propreté qui y règne, la magnificence des treillages qui le décorent et le
superbe potager qui le termine [5]. »

1. Dulaure, *Histoire de Paris*, t. IV, p. 120. Fondation en 1765 de l'hôpital du Gros-
Caillou.
2. Depuis 1765, c'est l'hôpital du régiment des Gardes-Françaises (devenu par la suite
hôpital militaire du Gros-Caillou, rue Saint-Dominique, n° 106, supprimé en 1898) de
M. le maréchal duc de Biron leur colonel (Thiéry, *Guide de Paris*, p. 623).
3. Du Coudray, *Le comte et la comtesse du Nord*, p. 114-119. Paris, 1782.
4. De Croÿ, *Mémoires*, p. 418.
5. Thierry, *Guide des amateurs et des étrangers voyageurs à Paris*, Thiéry, t. II,
p. 565, Paris, 1787.
Kent, mort en 1748, puis Wright modifièrent en Angleterre la mode dite du « Jardin
français » dont Versailles était le type en 1700 (*Étude sur l'architecture des Jardins*, par
M. Darcel. Paris, 1875, p. 19). En France on ne quitta la ligne droite qu'en 1763 (*Essai
sur l'architecture* de Laugier). Déjà le sentiment de la nature se propageait avec l'école
philosophique de J.-J. Rousseau qui publiait dans la *Nouvelle Héloïse*, en 1759, le

« Le 1er juin 1783, écrit de Croÿ [1], je dînai chez le maréchal de Biron qui, à 80 ans faits, était encore la ressource et l'honneur de Paris pour les étrangers que nous négligions trop. Il tenait table ouverte où se trouvaient les belles russes, allemandes, anglaises, etc. ; c'était une vraie arche de Noé. Le jardin contenait pour plus de 200.000 livres de tulipes [2]... »

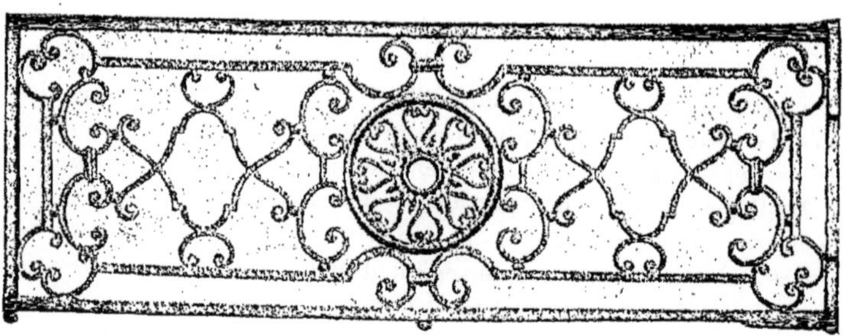

Grille de balcon du rez-de-chaussée.

« J'aimais le maréchal de Biron non seulement parce qu'il m'envoyait sans cesse des figues, des abricots-pêches (les premiers qu'on ait eus à Paris) et des fleurs de son magnifique jardin, mais parce que je m'instruisais en l'écoutant [3]... »

On ignore quels changements le maréchal duc de Biron, pair de France, chevalier des ordres du roi, lieutenant général de ses armées et dame Françoise-Pauline de Roye, marquise de Séverac, duchesse de la Rochefoucauld, apportèrent dans l'aménagement intérieur.

« Le 29 octobre 1788, le vieux maréchal de Biron succomba dans son hôtel de la rue de Varenne à l'âge de 88 ans moins trois mois. Il était admirablement conservé et n'avait point connu les infirmités de la vieillesse ; c'était un magnifique vieillard qui causait avec grâce et facilité et il avait gardé avec les femmes la galanterie des temps

« Jardin de Clarens ». Delille (*Les Jardins*, 1782) fait remarquer qu'on reproduisait sans éclectisme le style chinois avec ses multiples sentiers, ses ornements exagérés, pagodes, temples, kiosques, ponts, rochers, etc. On y voyait des autels « avec des troupes de pantomimes qui portaient des offrandes et faisaient des sacrifices à l'antique ». Il aurait fallu à la fin du xviiie siècle un Morel ou un Thouin.

1. Grouchy, *Mémoires sur les cours de Louis XV et de Louis XVI*, p. 416. Paris, 1897 (extraits de la *Nouvelle revue rétrospective*, 1895-1896).

2. Duc de Croÿ, *Mémoires sur les cours de Louis XV et de Louis XVI*, p. 418. Paris, 1897 (Extrait de la *Nouvelle revue rétrospective*).

3. M. de Genlis, *Mémoires*, t. II, p. 128, éd. 1825. Lire dans *Paris sous Louis XV*, t. II, les notes des Inspecteurs de Police aux dates des 14 mars et 2 mai 1766.

passés. Il était séparé de sa femme depuis longtemps... Le maréchal fut inhumé le 3 novembre en l'église Saint-Sulpice, sa paroisse. Le service de son enterrement fut le soir, à Notre-Dame, remarquablement beau... Tout Paris était au faubourg Saint-Germain [1]. »

Le testament olographe du maréchal en date du 31 janvier 1788 [2], instituait légataire universel son frère Charles-Antoine de Gontaut « à Paris, rue Chantereine », n° 13 [3].

De cette succession « il ne dépend d'autres immeubles réels que la moitié de l'hôtel sis rue de Varenne où est décédé le maréchal, acquis constans sa communauté et que le dit comparant (Charles-Antoine, son frère) estime pour ladite moitié 350.000 livres, pour quoi il a été payé 1/100e deniers et les dix sols par livre se soumettant à parfaire au payement du supplément de 100e dans le cas où ledit hôtel serait adjugé par l'acte de liquidation à faire entre les héritiers de M. le Maréchal et Mme la Maréchale, un prix supérieur à celui ci-dessus fixé = 3500 frs. Remb[t] du double droit, décision du 14 décembre 1789 [4]. »

Les six héritiers étaient : 1° Charles-Antoine de Gontaut; 2° Antoine de Gramont ; 3° Denis-Auguste de Grimoard de Beauvoir du Roure, Antoine Urs d'Usson de Danezan, Jean-Louis d'Usson de Bonac ; 4° Louis-Jean-Baptiste-Antoine Colbert de Seignelay ; 5° Louise-Victoire de Grimoard de Beauvoir du Roure, veuve de Scipion-Louis-Joseph de La Garde de Chambonnas et Marie-Louise-Thérèse de Grimoard de Beauvoir du Roure, veuve de François-Antoine-Alphonse de La Rivière de La Tourette ; 6° Marie-Louise-Victoire Dubouchet de Sourches, veuve de Joseph-Florent de Vallière. Cette dernière se prétendit seule héritière en se basant sur les renoncements des co-héritiers : 1° le 27 juillet 1789 pour le frère du maréchal ; 2° le 23 mars 1790 ; 3° le 31 octobre 1789 ; 4° le 5 décembre 1789 ; 5° le 1er novembre

---

1. G. Maugras, *Le duc de Lauzun*, p. 369, éd. 1895.
2. *Archives de la Seine*. Reg. des insinuations 17-282, f° 158 v°. Du 6 mai 1789 : « Testament déposé à Me Rouen (Étude Lardy, 6, boulevard de la Madeleine), le 29 octobre 1788 ; contrôlé le 30 du dit : Lègue son portrait à madme la demelle de Biron, sa femme = reçu 10 liv. — Institue pour son légataire universel M. le duc de Gontaut son frère = reçu 50 liv. — Lègue 3.000 liv. aux pauvres de Saint-Sulpice sa paroisse = reçu 30 liv. — Lègue les 2/3 de sa garde-robe à Pocher son premier valet de chambre et l'autre tiers à Dubreuil second valet de chambre ; elle comprend tous les habits vieux et neufs, tout son linge de corps vieux et neuf, et dentelles avec l'argenterie pour la barbe = reçu 100 liv. — Arrêté le 6 mai 1789. Signé Lezan.
3. Né le 8 octobre 1708, lieutenant général et duc héréditaire en 1758, mort en 1792. Pol Potier de Courcy, *Histoire généalogique*, p. 370. Paris, 1881.
4. *Archives de la Seine*, registre 19-303, p. 137, r° Succession de Gontaut de Biron du 15 janvier 1790.

1789 pour chacun des autres héritiers. L'immeuble était alors possédé
en communauté par la veuve et le frère du maréchal [1].

CHAPITRE IX

HOTEL DE BIRON (LAUZUN)

« Lauzun… s'installait à l'hôtel en revenant d'Amérique [2]. » Il est
vraisemblable que le nouveau duc de Biron, — titre refusé par Gontaut frère du maréchal et père de Lauzun, — occupa parfois l'hôtel,
mais il n'en fit point sa résidence habituelle.

« Connu sous le nom de duc de Lauzun à la cour et, dans les
armées, sous celui de Biron [3] », ce dernier descendant d'une illustre
maison naquit rue de Richelieu le 13 avril 1747 [4] et eut pour parrain
le maréchal son oncle.

Une belle figure, beaucoup d'esprit et d'instruction, une grâce et
une affabilité particulières, une grande générosité [5] et une valeur à
toute épreuve, tel était Lauzun qui reste dans l'histoire comme le type
de l'homme à bonnes fortunes [6].

Après une jeunesse remplie de futilités [7], il se maria à l'âge de 19 ans
et 2 mois, le 26 janvier 1766, à une femme de 15 ans qu'il ne put
aimer [8]. En 1777, il abandonnait toute sa fortune au prince de Gué-

1. Documents communiqués par M. Ménage, liquidateur judiciaire.
2. Lefeuve, *Les anciennes maisons de Paris*, t. IV, p. 130, éd. de 1873.
« …Le duc de Gontaut son neveu, étant venu le voir, comme il avait beaucoup de
monde : Voilà, dit-il, mon héritier ; … ». *Mémoires secrets*, t. XXXIII, p. 124, 20 oct.
1786.
3. *Mémoires inédits de la comtesse de Genlis*, t. I, p. 413, éd. 1825. — *Le duc de Lauzun*, par G. Maugras, p. 370.
4. « Né en 1741 », Lettres sur les États généraux de 1789 (Boursin et Challamel, *Dictionnaire de la Révolution française*, p. 79).
5. « C'est chez lui que nous nous rassemblons : il a consacré une galerie à ces réunions et il l'a fait décorer avec beaucoup de goût, de noblesse et de galanterie pour les
dames. (Les chevaliers de la Persévérance.) *Les souvenirs de Félicie L.*, par Mme de Genlis,
t. II, p. 86, éd. 1802 (an XII).
6. Le souper de Lauzun, rue Blanche, n° 2, le 29 mai 1791. Dulaure, *Histoire de Paris*,
t. III, p. 513, éd. 1847.
7. Journal d'un observateur, 17 mars 1775 : « … Quoique le cheval de M. de Lauzun
(casaque noire garnie de vert) triomphant à la dernière course soit mort des suites de
sa victoire… »
8. « Quel dommage que M. de Lauzun ne sache pas apprécier la femme angélique et
charmante que le ciel lui a donnée ! »…« Il a d'ailleurs tant d'excellentes qualités et tant
d'esprit … » *Les souvenirs de Félicie L.*, par Mme de Genlis, t. I, p. 135, éd. 1804 (an XII).
— Le mariage ne fut point heureux. On sait que l'imagination chevaleresque de M. de

ménée pour une rente de 80.000 livres, mais le prince fit banqueroute et le revenu se trouva réduit de moitié.

Au retour d'Amérique où il guerroya dans la lutte pour l'Indépendance (1788), il pensait ne retrouver que ses dettes s'élevant à deux millions ; il allait être duc de Biron [1].

Il prit philosophiquement son parti de la défaveur royale encourue pour ses idées nouvelles et par des intrigues de Cour. Fidèle à son idéal, il renonça, en qualité de député de la noblesse de Quercy aux États-Généraux de 1789, aux privilèges de sa classe.

« Au mois de décembre 1789, Biron qui demeurait alors rue de Varenne et qu'on trouvait gênant à Paris, fut nommé au gouvernement de l'île de Corse [2]. » Il refusa de s'y rendre et continua de siéger à l'Assemblée constituante jusqu'en 1791.

Employé d'abord à l'armée du Nord (1791), il était ensuite appelé à des commandements dans l'armée du Rhin (9 juillet 1792) [3], puis du Var [4].

Larévellière-Lépeaux, Fanfrède et Marat attaquèrent sa conduite au sein de la Convention, on doutait de son ardeur républicaine ; pour l'éprouver, le gouvernement l'envoya commander l'armée des Côtes de La Rochelle réunie contre la Vendée (15 mai 1793)[5].

Lauzun l'engagea plus d'une fois à s'éloigner pour longtemps d'une femme aussi vertueuse que charmante, afin de poursuivre jusqu'aux extrémités de l'Écosse et au fond de la Pologne des étrangères célèbres par leur beauté (*Mémoires de M*^{me} *de Genlis*, t. 1, p. 413. Note de l'éditeur). En 1792, sa femme Amélie de Boufflers fut arrêtée comme suspecte ; Biron écrivit une lettre très digne pour réclamer l'élargissement de la duchesse bien que « depuis le départ de Mme de Coigny pour l'Angleterre... il se soit affublé de Mlle Laurent... qu'il conserva tantôt maîtresse, tantôt garde-malade pendant toutes ses campagnes » (G. Maugras, *Le duc de Lauzun*, p. 408).

1. A Paris, il se débattait au milieu de billets faux et de billets vrais signés pour plus de 200.000 francs (Mme de Genlis, *Mémoires*, t. I, p. 413. (Note de l'éditeur.)

Déclarations du sieur André Roussel, limonadier à la Grotte flamande par le sieur Ben Gala, nègre attaché à M. d'Orléans, d'un billet de 10.000 livres souscrit par le duc de Biron avec lettres du département de la Police ordonnant une enquête à ce sujet, 28 octobre-11 novembre 1790. Autres lettres du département de la Police priant de renvoyer au commissaire Chenu toutes les plaintes relatives aux faux billets signés « le duc de Biron » ou « A. Biron », 13 janvier 1791, t. II, p. 215. *Chronique de Paris*, numéro du 29 janvier 1791, au sujet d'une arrestation et des billets qui circulent au Palais-Royal (Lettre de M. Perron, administrateur du département de Police, 7 janvier 1791, p. 328).

2. G. Maugras, *Le duc de Lauzun*, p. 389, éd. 1895.

3. Copie du compte rendu des événements du 10 août 1792. Ed. Mortimer-Ternaux, *Histoire de la Terreur*, t. III, p. 423, et *Répertoire général des sources manuscrites de l'histoire de Paris pendant la Révolution française*, t. IV, pp. 472 et 487. Écrit trouvé dans les papiers de Saint-Huruge indiquant la seule façon de faire marcher l'armée, proposant le remplacement de Luckner par Biron... 2 juillet 1792 (*Répertoire général des sources*, etc., t. VI, p. 35). A. Tentey. Divers autres écrits relatifs aux fonctions de Biron (t. IV, p. 464).

4. La suspension de Joseph de Broglie, colonel du 2e chasseurs (p. 469). Lettre au directoire du département de Paris demandant un envoi de troupes, 11 août 1792 t. IV, p. 190). *Répertoire général des sources manuscrites*, etc.

5. *Mémoires du comte de Rochambeau*. Archives de la Guerre.

Entre temps, l'Hôtel qui n'était sans doute habité que par ses gardiens, servait de gîte aux troupes royales [1].

Ce serait rue de Varenne que « miss Elliot vint dire la bonne aventure à Biron superstitieux » [2], c'est là qu'il aurait appris par les listes des votes que lui apportait son aide de camp Rutaut, la condamnation à mort de Louis XVI, le samedi 20 janvier 1793, à 10 heures du soir [3].

A l'armée, Biron justifiait la confiance de la Convention en enlevant Saumur et Parthenay aux Vendéens, mais à nouveau suspect par sa liaison avec le duc d'Orléans, accusé d'incivisme par Carrier, il fut destitué le 11 juillet 1793. Mandé à Paris, où il descendit « à l'hôtel de la Paix, rue de la Chaussée d'Antin [4] », il dut donner des explications sur l'arrestation du lieutenant-colonel Rossignol — remis en liberté auparavant, — d'imprécises dénonciations et le fait d'avoir laissé son armée inactive dans l'ouest [5]. » Arrêté à son domicile rue des Piques (rue Louis-le-Grand) en vertu de l'arrêté du 28 juillet 1793 rendu par le Comité de Salut Public [6], il fut « enfermé à Sainte-Pélagie [7] » et la procédure instruite au Châtelet. Le 29 décembre (9 nivôse), il était traduit devant le Tribunal révolutionnaire.

A l'appui de son procès, on lui opposa quelques papiers insignifiants trouvés dans ses deux domicile, rue des Piques et à Montrouge « sa folie ».

« Jugement rendu par le Tribunal révolutionnaire... sur la déclaration du juré de jugement portant qu'il a existé une conspiration contre la sûreté intérieure et extérieure de la République, qu'Armand-Louis Biron ex-général des Armées de la République est convaincu d'avoir participé à cette conspiration, condamne A.-L. Biron à la peine de mort... » (10 nivôse an II. Imp. du Tribunal révolutionnaire [8].)

---

1. N° 493. — Lettre du 9 avril 1792 mentionnant la demande par « l'État-Major de la Garde suisse de 443 couvertures pour la troupe de renfort arrivée le matin au château des Tuileries et qui couchera sur la paille dans les écuries de l'hôtel de Biron. *Répertoire général des sources manuscrites de l'Histoire de la Révolution.* Paris, 1889, t. IV, p. 61 ; 9ᵉ recueil des pièces trouvées chez M. de La Porte, p. 7. (Note de l'éditeur = « Ce qui prouve que Louis XVI entretenait une forte garnison dans le château des Tuileries dont on préméditait de faire une place de guerre. »

2. G. Maugras, *Le duc de Lauzun*, p. 468, éd. 1895.

3. G. Maugras, *Le duc de Lauzun*, p. 472, éd. 1895.

4. G. Maugras, *Le duc de Lauzun*, p. 518, éd. 1895.

5. Wouters, *Histoire chronologique de la République...*, p. 72, éd. 1847.

6. Ternaux, *Histoire de la Terreur*, t. VIII, p. 294.

7. Vitrac et Galopin, *Mémoires du duc de Lauzun*, p. 159. « A l'abbaye », Barrois. Paris, 1822. 2 vol. in-18. *Mémoires du duc de Lauzun.*

8. Tourneux, *Paris pendant la Révolution*, t. IV, p. 369. Ses biens ne furent pas confisqués au profit de l'État ni régis par le Domaine à titre de déshérence puisque le général mourut sur l'échafaud.

En descendant du Tribunal révolutionnaire, Biron beau joueur lança : « Ma foi, mes amis, c'est fini, je m'en vais. »

Il fut exécuté à l'âge de 46 ans, le 11 nivôse [1] (31 décembre 1793) [2]. Epicurien insouciant jusqu'au bout [3], il mangea de bon appétit quelques instants avant de partir pour l'échafaud de la place Louis XV (Concorde), invitant le bourreau à boire pour avoir du courage. Il faisait un temps gris et froid. Quand le couteau lui détacha la tête, la nuit était presque venue.

CHAPITRE X

LES JARDINS DE BIRON

Si « les grands seigneurs... ne voulaient pas s'exposer à voir leur demeure inscrite et numérotée [4] », l'objection ne portait plus à la fin de la Royauté et moins encore sous la première République.

L'hôtel de Biron eut donc des numéros :
en 1789, le n° 64 (20ᵉ quartier de Paris, dit « de Saint Germain des Prez »
en 1790, le n° 670   —   —   —
en 1793, le n° 96 (38ᵉ section, des Invalides ; 10ᵉ district ; 10ᵉ municipalité ; quartier des Invalides).

Durant cette dernière année, une partie de l'immeuble aurait, selon certains auteurs, été transformée en prison [5]. « L'hôtel... servait de geôle sous la Terreur, comme succursale du Luxembourg [6] ». Il n'a pas été possible de justifier ces assertions par un texte plus probant.

Les jardins avaient été ouverts au public dans la seconde moitié du xviiiᵉ siècle ; on les visitait sur production d'une simple autorisation. Jusqu'à l'époque où en est ce récit, ils conservèrent leur arrangement.

« Au pied de la terrasse (placée au bas de la façade sur jardin) est prati-

---

1. Acte de décès du général Biron signé Deltroit.
2. 2 janvier 1794 selon Choppin, *Trois colonels de hussards*, p. 21. Paris, 1896.
3. Les grâces de la Guillotine. — Michelet, *Histoire de la Révolution*, t. VI, p. 216.
4. A. Franklin, La vie privée d'autrefois, *Variétés parisiennes*, p. 55. Paris, 1901.
5. De Rochegude, *Guide pratique à travers le Vieux-Paris*. Paris, 1907. — Pessard, *Nouveau dictionnaire de Paris*, p. 1561. Paris, 1904.
6. Lefeuve, *Les anciennes maisons de Paris sous Napoléon III*, t. IV, p. 130, éd, 1873.

qué un grand boulingrin [1] qui renferme deux parterres de gazon découpé »,
auxquels par raison d'optique, on avait donné plus de longueur que de largeur.

« Aux deux côtés et sur la longueur de ce boulingrin sont plantés des arbres
qui produisent du couvert aux deux grandes allées dont l'une traverse toute
la profondeur du jardin. Aux deux côtés de ces allées dans la longueur du
boulingrin sont pratiqués des bosquets, des salles de verdure, des cabinets,

Mascaron de fenêtre.

etc., qui rendent cette maison une des plus riantes des extrémités de Paris.
A côté des retours de la terrasse sont plantés deux petits parterres à l'anglaise entourés d'arbres qui produisent du couvert au sortir du bâtiment et
auxquels on arrive par les petits escaliers ; à gauche de ce jardin de propreté
est placé un potager garni de plates-bandes pour les légumes et d'environ
140 toises de murs en espalier. Au bout de ce potager, du côté de la rue,
sont pratiquées les nouvelles basses-cours et le bâtiment des officiers... [1]

Mais en 1797, « dans la Révolution, ce jardin, devenu propriété
nationale [2], fut consacré pendant quelque temps à des fêtes
publiques [3] ». Les « entrepreneurs... y installaient des jeux, un bal et
des illuminations, des concerts, des feux d'artifice et des promenades
délicieuses... [4] »

1. Blondel, *Architecture française*, livre II, ch. ii, pages 205 et 206. Paris, 1752. De
l'anglais « Bowling green » (pelouse pour jeu de boules). N'a pas la même signification
en France.

« Pièce de verdure renforcée en glacis de trois ou quatre pieds de profondeur et
ornée d'un tapis vert au milieu » Blondel, *Architecture française*, livre I, page 49.

2. « Devenu propriété nationale ». Saint-Edme, *Paris et ses environs*, Paris, 1827. (Cette
assertion est fort probablement erronée ; aucune mention n'existe sur le sommier général des propriétés nationales de l'ancien X^e arrondissement des *Archives de la Seine*).

3. Saint-Edme, *Paris et ses environs*. Paris, 1827.

4. D'Andigné, *Le Sacré-Cœur* (annexe au procès-verbal de la Commission du Vieux-
Paris, 1907, p. 316. — *Miroir de Paris*, t. I. Paris, 1807.

« Comme depuis cinq ou six ans des gens aisés avaient fait servir les théâtres de salles d'assemblées..., il était tout simple que des spéculateurs songeassent à établir des spectacles uniquement destinés à rassembler des individus de classes aisées qui s'y rendraient, spectateurs-acteurs, pour se faire remarquer, amuser les autres, s'asseoir, ricaner, bâiller, fredonner et admirer les fleurs et la verdure.... enluminées par les reflets des lampions colorés.

« C'est cette observation combinée avec des idées financières qui ouvrit les Jardins de Biron.

« Au jour fixé, la foule abondait, les acteurs de la fête étaient les plus empressés à payer leurs cinq francs ou leur petit écu. Les femmes à la mode, surtout, ne savaient se dispenser de s'y rendre ; l'une y venait avec sa tunique transparente, ses pantalons couleur de chair, ses sandales à la grecque et dix bagues à ses pieds..., l'autre un petit mouchoir à la créole ceignant sa tête... [1] »

Sur les parquets propices aux évolutions glissées, peu de révolutionnaires égarés parmi la grande quantité d'incroyables aux manières pleines de préciosité et encore moins de femmes à l'ancienne mode des héroïnes, les cheveux ramassés sous un bonnet phrygien, les épaules couvertes d'une écharpe écarlate en mémoire de la chemise rouge de Ch. Corday.

La contredanse, d'origine anglaise (country-danse), avait la faveur du public qui dansait encore en chantant sur un air fort joli la chanson-quadrille le « Bastringue des Départements [2] ». Les bosquets — un peu pillés — résonnaient aussi des chants toujours en vogue, « La mort de Louis Capet », sur l'air connu et bien choisi pour l'endroit, de Biron [3] » ou bien « Il pleut bergère » datant de 1780, que modulaient quelques années auparavant les victimes de la Terreur menées au couperet de Samson.

Le *Courrier républicain* du 10 thermidor an V rend compte de la fête de la veille (27 juillet 1797) dans les termes suivants :

« Paris, le 9 thermidor. — Presque seuls à Paris, les habitants du faubourg Saint-Germain étaient privés d'un jardin public et d'un de ces lieux enchantés qui, sous les noms de Tivoli, l'Élysée, Bagatelle, etc., offrent aux habitants de cette grande ville des amusements

---

1. J.-B. Pujoulx, *Paris à la fin du XVIIIe siècle*, pp. 251-252. Paris, 1801.

2. Composée à l'occasion de la fête du 21 janvier 1794 ; ce jour, l'échafaud de la place de la Révolution (Concorde) était entouré d'autant de poteaux que la République comptait de départements.

3. Chanson de Ladré : « Le 21 janvier... » Bibl. Nat. Ye 35763. Bibl. de la Ville de Paris, 31.832.

de tous les genres. Des entrepreneurs actifs viennent de remplir cette lacune et d'ouvrir un nouveau Tivoli rue de Varenne, à l'hôtel de Biron. Cet hôtel et ses superbes jardins sont, à certains jours de la semaine, ouverts au public. Jeux, danses, concerts, illuminations magnifiques, feux d'artifice, promenades délicieuses, voilà les agréments qu'offre ce nouvel établissement. La fête champêtre qui a été donnée hier a paru satisfaire les nombreux flots de la multitude qui remplissait les appartements et les jardins [1] ».

« Ce fut dans un de ces innombrables jardins qui s'ouvrirent, sous le Directoire, aux Parisiens affamés de plaisir, — dans le jardin de Biron, — que les deux frères Garnerin s'associèrent pour la première expérience de descente en parachute, le 24 août 1797. Elle ne réussit pas. Le ballon, prêt à partir, se rompit de part en part, et le public, furieux, renouvela la scène honteuse du jardin du Luxembourg : il escalada les barrières, mit en pièces les débris de l'aérostat, et les deux frères durent se soustraire en toute hâte à son courroux par la fuite. Un des spectateurs poussa même le ressentiment jusqu'à les traduire devant les tribunaux en les accusant d'escroquerie. Les aéronautes, mis en liberté sous caution, se hâtèrent de désarmer la plainte en organisant avec succès une nouvelle expérience (22 octobre) et, trois jours après, ils furent acquittés, malgré l'insistance de leur adversaire... [2] »

« Le citoyen Garnerin a fait, le 1er Brumaire, au parc Monceau, l'expérience qui avait manqué au Jardin de Biron. Il s'agissait, d'après les engagements de Garnerin, de s'élever en ballon, de couper les attaches de celui-ci et de descendre au moyen d'un parachute placé sous la nacelle. La position de cette nacelle sur le parachute avait justement fait échouer la première entreprise... [3] »

Rendant compte d'une ascension et de la descente de la femme de Garnerin, Henrion écrivait : « Les anges l'ont appelée vers le céleste séjour, d'où elle est redescendue rayonnante de gloire [4]... »

Autour des aéronautes, les paris s'engageaient comme aux courses [5].

Dans « les jardins ouverts après la Terreur... » à Biron, l'on pouvait voir « Cabanel danser gracieusement sur un câble, tout revêtu

1. Aulard, *Paris pendant la réaction thermidorienne et sous le Directoire*, t. IV, p. 250 et 251. Paris, 1900.
2. Victor Fournel, *Le Vieux Paris*, pp. 500 et 501. Tours, 1887.
3. A. Aulard, *Paris pendant la réaction thermidorienne et sous le Directoire*, t. IV, p. 408. Paris, 1900.
4. *Encore un tableau de Paris* (1800), chap. xii.
5. *Journal des Hommes libres; le Bien informé; les Petites Affiches de l'An V et de l'An VI.* E. et J. de Goncourt, *La Société française sous le Directoire*, pp. 222 à 224.

d'artifices et semblable à une flamme vivante [1] ». Les jardins eurent leurs Pinetti, Ledru-Camus, Philippe, Olivier, escamoteurs ; les Martin, des devins ; des physiciens à la Robertson. Enfin les « Puces travailleuses » pour lesquelles le sieur Préjean payait à l'Opéra, depuis 1792, une redevance de 25 livres [2]. Le nain Hynch lui-même y passa avant de descendre se montrer sur les places publiques pour deux sous [3].

CHAPITRE XI

HÔTEL DE BÉTHUNE-CHAROST

En 1788, à la mort du maréchal de Biron qui n'avait pas d'enfants, l'immeuble revint par moitié à sa veuve, épousée sous le régime de la communauté, et à son frère désigné dans le testament pour être légataire universel (déclaration de succession du 15 janvier 1790).

Lorsque Pauline-Françoise de La Rochefoucauld de Roye, « veuve Degontaut », eut été guillotinée [4], le 9 messidor an II (27 juin 1794), son neveu, unique héritier [5], Armand-Joseph de Béthune-Charost, domicilié rue de Lille, 551, faubourg Saint-Germain, signa, avec Charles-Antoine Degontaut [6], un arrangement [7] qui lui concédait la totalité de la propriété moyennant paiement d'une soulte de 4.200.000 livres en assignats.

De Béthune-Charost « mourut d'une petite vérole contractée dans une visite aux sourds-muets [8] », le 5 brumaire an IX (27 octobre 1800),

---

1. E. et J. de Goncourt, *La Société française sous le Directoire*, p. 350.
2. E. Menault, Intelligence des animaux. *Journal de Verdun*, pp. 49-50.
3. *Le Chroniqueur désœuvré*, t. I, p. 68 ; t. II, p. 56. — Brazier, *Chronique des Petits Théâtres*, t. I, p. 125.
4. Exécutée le même jour que sa nièce, Amélie de Boufflers, veuve du duc de Lauzun. Comme à l'appel du nom de Biron dans la prison, l'une répondait pour l'autre : « cela ne fait rien, dit Fouquier, elles y passeront toutes deux. »
5. *Archives de la Seine*, dossier 768, nᵒˢ 603 et 2420, carton 228, à propos de l'héritage fait par un Béthune-Charost de la citoyenne veuve Biron (1803).
6. Décédé à Paris le 4 brumaire an VII.
7. Transaction et partage de la communauté entre Louis-Antoine Degontaut-Biron et Pauline de Roye, les 6 et 7 vendémiaire an IV (28-29 sept. 1795)... art. 1ᵉʳ. Béthune-Charost est et demeure par le dit partage et arrangement de famille seul propriétaire en totalité de la maison ci-devant grand et petit hôtel de Biron, estimée 7 millions de livres, moyennant payement de 4.200.000 livres en assignats : au comptant, 500.000 livres, et 100.000 au moins trois mois après, sans intérêts ; le reste avec intérêts. Le dernier payement de 280.000 livres date du 9 thermidor an IX.
8. *Mémoires de Mᵐᵉ de Genlis*, t. III, p. 264.

à l'âge de soixante-douze ans, « dans son hôtel, rue de Varenne [1] », « appelé alors hôtel de Béthune [2] ».

La duchesse sa femme restait légataire universelle par testament olographe reçu à « Meillenc » (ailleurs Meillant et Merillant) par Ducreux et déposé pour minute chez M⁰ Guillaume, notaire à Paris. Acte du 9 brumaire an IX [3].

La duchesse de Charost se contenta de loger dans le bâtiment élevé par la duchesse du Maine au n° 75 *bis* de la rue de Varenne, ce numéro coïncide avec l'ancien 39; elle continua de mettre l'hôtel en location (n° 41, actuellement 77).

« Héritier de l'hôtel (de Biron), le vieux duc de Charost avait terminé là une existence vouée aux paisibles études et à la bienfaisante pratique de la science économique... sa femme y vivait solitairement... [4]. »

1. D'Andigné, *Le Sacré-Cœur*. Procès-verbaux de la Commission municipale du Vieux-Paris (annexes), 16 nov. 1907, p. 316.

2. Id., *ibid.*, p. 317. — On lui doit des établissements de charité pour les femmes en couches et les orphelins, pour les paysans ruinés par la grêle et l'incendie (même ouvrage, p. 315). Discours prononcés le 7 brumaire an IX à la mairie du X⁰ (VII⁰) arrondissement par Frochot, préfet de la Seine, Moreau Saint-Mery, Drujon, Sicard, directeur des sourds-muets.

3. Actes notariés consultés chez M. Ménage, administrateur judiciaire.

4. Baunard, *Hist. de la vén. mère Madeleine-Louise-Sophie Barat*. Paris, 1876, p. 420.

DEUXIÈME PARTIE

L'HÔTEL ET SES HÔTES AU COURS DU XIXe SIÈCLE

CHAPITRE PREMIER

LES LOCATAIRES

L'immeuble, qui atteignit sa plus grande splendeur lors de la possession par le maréchal de Biron, changea de renommée en devenant un établissement public sous la Révolution : Lauzun y avait été le détenteur de transition. Une situation identique à celle-ci arriva à la suite de la mort de Béthune-Charost ; l'hôtel eut des locataires.

Le Saint-Siège y établit, pendant les années 1806, 1807 et 1808 [1], sa nonciature dirigée par le cardinal Jean-Baptiste Caprara, légat a latere du pape.

Ce prince de l'Église romaine avait signé le Concordat avec le premier Consul, puis comme archevêque de Milan, sacré le 26 mai 1805, Napoléon, roi d'Italie. A sa mort, en 1810, un décret impérial ordonna de l'inhumer au Panthéon.

Après l'ambassadeur du Pape, ce fut celui de l'empereur de Russie.

L'ambassade russe était en effet transférée, le 1er janvier 1811, de l'hôtel Thélusson, rue de Provence, à l'hôtel du n° 41 de la rue de Varenne (n° 77). Le titulaire du poste était, depuis 1809, le prince Kurakin. La location était conclue au prix annuel de 25.000 fr. [1,2].

C'est en février 1812 que le colonel Czernicheff, aide de camp d'Alexandre, chargé par Napoléon de remettre une lettre à l'empereur de Russie, partit de la rue de Varenne emportant l'état d'effectif de nos armées. Cet acte fut l'un des prodromes des hostilités.

---

1. *Almanachs impériaux.*
2. D'Andigné, *Annexe au procès-verbal de la séance de la Commission du Vieux-Paris* du 16 nov. 1907, p. 316.

L'ambassade russe ayant quitté la France, à l'occasion de la guerre de 1811, l'hôtel redevint disponible en attendant preneur jusqu'en 1820.

CHAPITRE II

ACQUISITION PAR LA SOCIÉTÉ DES DAMES DU SACRÉ-CŒUR

Le 5 septembre 1820, la propriété entière possédée par la veuve de Charost passait aux mains des dames religieuses du Sacré-Cœur de Jésus pour la somme qui paraîtra modique, de 365.000 francs.

Le contrat fut signé devant Denis et Piet, notaires, le 5 septembre 1820[1], par la vendeuse et Mme Barat, mandataire de MM^{mes} de Gramont d'Aster et Grosier.

Ces trois dames entrèrent en jouissance de l'immeuble d'une superficie de 59 perches, 7 pieds, 6 pouces (5 hectares, 33 ares, 20 centiares), touchant à l'hôtel de Broglie et autres, le 1er octobre[2].

Les paiements devaient être effectués en quatre versements.

Grâce à la comtesse veuve de Marbœuf[3], novice de 55 ans, Louis XVIII accorda 100.000 francs, ce qui, avec les 100.000 francs du marquis de Montmorency-Laval, permit de retirer la première quittance, le 1er octobre.

Pierre-Alexandre Laurent, manufacturier, et sa femme, Firmin-Rose Morand, habitant Amiens, versèrent, le 23 octobre 1820, par acte passé devant Denis, la somme de 96.000 francs remboursable en six années, avec intérêts de 5 %[4].

Charles-François Crépint-Morand, propriétaire à Saint-Denis, avançait 80.000 francs.

Les échéances étaient fixées (principal et intérêts) :

Au 1er janvier 1822 == un tiers de la somme à valoir soit : 55.000 fr.

—   1823 == la 1re moitié du reste   —   55.000 —

—   1824 == la 2e   —   —   55.000 —

---

1. Enregistré le 11 sept. 1820, folio 101, case 1, reçu 20.075 fr. principal, plus 2.007 en décime, signé Malouin.

2. Extrait du registre de transcription de la conservation des hypothèques de la Seine, vol. 630, n° 11.

3. Veuve à vingt ans, émigrée, elle rentra en France grâce à un service rendu autrefois en Corse à la famille Bonaparte. Elle put voir à la cour « Bernadotte qui avait monté la faction à la porte de son palais ». Baunard, t. I, p. 422.

4. La Société du Sacré-Cœur avait alors à Amiens la maison principale appelée le « Berceau », rue de l'Oratoire.

soit 165.000 francs qui, ajoutés aux 200.000 francs, formaient le prix de vente.

En l'étude de Tourin, notaire à Paris, les versements s'échelonnèrent ainsi : 18 novembre 1820, 6 février 1822, 18 mai 1822 et 20 juin 1827 (acte du 10 juillet 1827)[1].

CHAPITRE III

HISTORIQUE DE LA SOCIÉTÉ. — SON ÉTABLISSEMENT

Née à Joigny le 13 décembre 1779, Marie-Louise-Sophie Barat fut instruite par son frère, jeune sous-diacre de 22 ans, professeur au collège de la ville. Son éducation comprit l'enseignement de tout ce qu'une femme doit connaître et, de plus, le latin, le grec, l'espagnol, l'italien, les sciences mathématiques, les sciences naturelles et la rhétorique[2].

L'abbé Barat, venu à Paris, fut arrêté et emprisonné ; délivré après le 9 thermidor, il reprenait sa sœur venue de Joigny. Il s'associa à quelques prêtres qui vivaient sous le nom de Pères de la Foi et suivaient la règle des Jésuites[3]. Leur directeur était le Père Tournély qui mourut, âgé de 30 ans, le 9 juillet 1797, avant d'avoir pu constituer le but de tous ses efforts : un institut de femmes consacrées à l'éducation des jeunes filles. Le Père Joseph Varin d'Ainvelle fut élu à sa place.

Ayant appris les dispositions de la « petite sœur[4] » pour la vocation de religieuse enseignante avec l'esprit qui animait leur propre institution, ils l'accueillirent, la formèrent à sa mission et, le 21 novembre 1800, elle et quatre de ses compagnes prononçaient leur premier engagement.

« Elles vécurent dans le quartier solitaire du Marais[5]. »

A l'âge de 22 ans, Sophie Barat fondait sa première maison à Amiens, dans l'ancien collège des jésuites, dit l'Oratoire[6], en prenant une suite

---

1. Enregistré au 11° bureau, le 10 juillet 1827, case 4 (pas de folio), reçu 11 fr., décime compris.
2. Récit de la mère Mailhucheau. « Délicate de tempérament, extrêmement modeste et d'une grande timidité ». Vie manuscrite de la mère Barat, par la mère Coriolis, chap. i à v.
3. Le père Barat mourut le 21 juin 1845, âgé de 77 ans.
4. Baunard, *Histoire de M*mo *Barat*, t. I, p. 46, éd. 1876.
5. Notes autographes de la mère Deshayes, p. 10.
6. Baunard, *Histoire de M*me *Barat*, t. I, p. 92.

de Mme Devaux ; puis ce furent l'établissement de Grenoble, le noviciat de Poitiers[1], les maisons de Niort, Cuignières et Gand la rebelle ; en 1816, le noviciat de la rue des Postes à Paris. La mission de 1818 en Louisiane, avec la mère Duchesne pour directrice, précédait les maisons nouvelles de Chambéry, Lyon, Bordeaux etc.

Les séances solennelles de la Société se tenaient chez Mme de Gram-

Portrait de la mère Barat.

mont, au couvent des Filles de Saint-Thomas de Villeneuve, rue de Sèvres[2] et l'élection des assistantes générales se fit au couvent des Récollettes, rue du Bac (n° 83), le 16 décembre 1815.

Anne Baudemont était nommée supérieure le 21 décembre 1802 et Sophie Barat le 18 janvier 1806, à une voix de majorité sur son prédécesseur.

Napoléon autorisait la Société en 1807, mais le Saint-Siège n'en approuvait les statuts que par bref du 22 décembre 1826 (arrivé en France en février 1827) et le roi Charles X, conformément à la loi de 1825, par ordonnance du 22 avril 1827.

L'ordre est actif et non contemplatif[3] ; ses constitutions et règles

1. Baunard, t. I, p. 92. Récit de la mère Thérèse, p. 145, et *Journal du noviciat*, p. 121.
2. Avant le percement du boulevard Raspail, le couvent occupait les n°s 25 et 27.
3. Par une coïncidence toute fortuite, c'est le curé de Saint-Sulpice, — paroisse de l'hôtel de Biron jusqu'en 1802, — l'abbé Languet de Gergy qui, le premier, vers 1777, prêcha publiquement, dans sa paroisse, le culte au cœur de Jésus, malgré les rescrits des papes Clément, 1697-1727-1729, et Benoît XIV, le clergé (1775) et la magistrature (Parlement, 1775).

sont calquées sur celles de la Société de Jésus. Les religieuses cloîtrées, mais sans grilles, se divisent en sœurs coadjutrices chargées des soins manuels, et dames de chœur ; elles vivent toutes en commun.

La Société entretient quelques missions, mais son occupation principale est l'éducation des filles de l'aristocratie et de la haute bourgeoisie dans des pensionnats et des externats.

Les initiations comprennent :

Le postulat de trois mois pour les religieuses de chœur et de six pour les sœurs coadjutrices ; les postulantes continuent de porter l'habit séculier ayant pour règle de « voir et laisser voir[1] ». A un jour déterminé par la supérieure, chacune, vêtue de blanc, est conduite au sanctuaire où un prêtre, après une exhortation, bénit leur vêtement noir et leur voile blanc.

Le Noviciat de deux ans terminé par un examen passé par l'évêque ou son délégué, la novice s'approche alors de l'autel pour recevoir du prêtre le voile noir, le crucifix et l'anneau, et prononcer les premiers vœux[2], dits simples : obéissance, pauvreté[3], chasteté.

Ces vœux prononcés, la nouvelle consacrée n'est qu'aspirante, son juvénat dure de cinq ans à dix ans, puis, après une troisième année de probation, elle prononce ses grands vœux[4] et est reçue professe.

Elle conserve son nom de famille.

On relève, parmi les fonctions administratives, celles de mères conseillères et assistantes, supérieures ou supérieures-vicaires créées en 1851 et dames du conseil, dont font partie uniquement les dames professes ; celles-ci ont, selon leurs aptitudes, la charge de l'enseignement.

La mère générale est nommée à vie par vote du Conseil. Cette haute fonction fut dévolue à des Françaises, une Autrichienne, une Irlandaise, etc.

Des retraites annuelles sont prescrites à tous les membres de la Société qui, bien qu'internationale, devait avoir sa supérieure résidant en France, dans la capitale.

L'établissement du Sacré-Cœur de Paris allait contribuer par sa situation à la réussite de l'œuvre.

« ...Sur la rive gauche de la Seine, dans un quartier solitaire... s'étendaient de vastes espaces...[5] »

---

1. *Constitutions*, 1ʳᵉ partie, chap. ɪᵉʳ.

2. Baunard, *Histoire de Mᵐᵉ Barat*, t. I, p, 293 : « Vœux formulés en présence de Dieu. de la Vierge Marie et de toute la cour céleste. » *Les Constitutions*, 2ᵉ partie, chap. 11.

3. Les dames et les sœurs se servaient aux repas de couverts de bois.

4. Vœux perpétuels depuis 1826.

5. Baunard, *Histoire de Mᵐᵉ Barat*, t. I, p. 419, éd. 1876 et p. 425.

La Société ayant pris possession de l'hôtel, « la première chose qu'elle fit fut d'enlever des murailles les glaces, les tableaux, une partie des dorures, effaçant partout les vestiges du monde ».

« Ce ne fut pas assez. Même ainsi dépouillée, cette habitation parut encore trop riche..., un arrêté décida que, laissant l'hôtel au pensionnat, la communauté irait loger dans les dépendances occupées jadis par les domestiques et la basse-cour [1]. »

« Grâce à Dieu, nous ne sommes pas mieux qu'ailleurs dans cet hôtel de Biron et l'endroit des écuries que nous habitons n'a rien de magnifique [2] », écrit la supérieure et ailleurs elle ajoute :

« Nous sommes trop sur le chandelier [3]. »

« Hélas nous n'avons pu en enlever (de l'hôtel) toutes les beautés. »

Le noviciat d'abord installé rue des Postes, 40, le 16 décembre 1815 (ouvert le 16 juillet 1816), puis transféré rue de l'Arbalète le 24 août 1819, était définitivement organisé le 4 octobre 1820 avec le pensionnat, à l'hôtel de la rue de Varenne ; on comptait alors 58 religieuses ou novices et 60 pensionnaires de la rue des Postes.

Le vendredi, 6 octobre 1820, le père Druilhet célébrait l'office de la messe « dans le salon de la rotonde qui pendant deux ans dut tenir lieu de chapelle [4] », le Père Varin la disait le dimanche suivant [5].

Après être restées de 2 heures à 2 heures 1/2 chez le roi [6], les duchesses de Berry et d'Angoulême vinrent visiter la communauté le 19 novembre 1820. Auparavant, l'autorité du Conseil d'administration était remplacée par la direction de Mme Barat, mère générale, selon la décision du Conseil général composé de toutes les supérieures des maisons du Sacré-Cœur qui se réunirent encore pour prononcer le vœu de stabilité, le lundi de Pâques, 16 avril 1821 [7].

Une chapelle avait été organisée pour le pensionnat en 1823. Louis XVIII la dota d'un maître-autel et son frère offrit la Gloire qui devait surmonter le sanctuaire.

L'établissement prospérait. Le duc de Bordeaux et sa sœur parcou-

---

1. Baunard, *Histoire de Mme Barat*, t. I, p. 422, éd. 1876.
2. Lettre de Mme Barat à Mme Audé. Paris, 10 novembre 1821.
3. Lettre de Mme Barat à Mme Audé, 1844. Lettre à Mme Dumazeaud sur le luxe de l'hôtel, 29 nov. 1852. (Voir renvoi p. 60.)
4. Baunard, *Histoire de Mme Barat*, t. I, p. 423, éd. 1876.
5. *Journal du Noviciat*, L'ancienne chapelle du pensionnat fut démolie en 1875 (Baunard, t. II, p. 219). Parlant de l'hôtel (pensionnat), le P. Varin disait : « C'est un palais... »
6. *Le Moniteur universel* du lundi 20 novembre 1820, n° 325, p. 1552.
7. *Cahier de Conflans*, p. 589.

raient dans la soirée du 29 octobre les locaux de la Congrégation du Sacré-Cœur « où ils restaient deux heures [1] ».

Pour asseoir définitivement leur institution, les dames du Sacré-Cœur demandèrent l'approbation royale étendue dans le sens des articles 3 et 5 de la loi du 24 mai 1825 [2] ; l'ordonnance du 22 avril 1827 intervint sur avis défavorable ; l'évêque de Frayssinous n'était plus protecteur dit premier supérieur, mais ministre de l'Instruction publique. Cependant les concessions aboutirent à une entente.

En conséquence, un conseil des dames religieuses réuni le 29 juin 1827 acceptait au nom de la communauté, en la personne de Marie-Henriette-Caroline Ducis, la donation faite par Mme Barat, mandataire d'Antoinette, Jeanne de Gramont d'Aster, à Paris, rue de Varenne, n° 41, et de Madeleine, Cécile, Henriette Grosier, rue des Feuillants, 15, à Poitiers, de l'Hôtel de Biron ; cette donation devenait effective le 10 juillet 1827.

On lit au *Bulletin des lois* :

« Sur le rapport du Ministre secrétaire d'État au département des Affaires ecclésiastiques et de l'Instruction publique » :

« Les dames religieuses du Sacré-Cœur de Jésus sont autorisées à accepter la donation de l'immeuble suivant acte du 10 juillet 1827 nommé hôtel de Biron.

« Aux Tuileries, le 6e jour du mois de décembre de l'an de grâce 1827, de notre règne le 4e.

« D. év. d'Hermopolis.
« Ampliation. L'abbé de la Chapelle. »

Une seconde ordonnance ayant autorisé l'établissement de la congrégation, le 22 avril 1828 (enregistrement daté du 30 juin 1828, f° 119, r° c. 5, par Alloin == 2 fr. 20), l'acceptation de la donation était définitivement conclue entre la Société d'une part et Mme Barat, pour elle, et en qualité de mandataire de Mmes d'Aster [3] et Grosier [4], d'autre part.

Les actes de signification des 5 et 13 septembre, enfin l'acceptation

1. Lettre de Mme Barat à Mme Prévost. Paris, 29 octobre 1823.
2. *Moniteur*, samedi 4 juin 1825, p. 849. Loi relative à l'existence légale des congrégations et communautés religieuses de femmes.
3. Autorisation spéciale du 29 août donnée devant Tourin, approuvée par acte passé devant le même le 5 septembre 1828.
4. Autorisation spéciale donnée devant Leriget, à Poitiers, le 8 septembre, confirmée devant Tourin le 13 septembre suivant.

du 5 du même mois [1], donnèrent toute l'authenticité voulue au contrat.

Tandis que la Révolution du 28 juillet 1830 chassait « du côté de la campagne » les Suisses casernés rue de Babylone, on comptait dans la communauté, en sus des dames, 50 novices, 20 postulantes et 150 élèves.

A la suite de l'incendie de l'archevêché de Paris, mitoyen de la cathédrale, le 13 février 1831, l'évêque de Quélen avait été se loger très mal chez les dames religieuses du couvent de Saint-Michel, non loin du Luxembourg. Sur les instances de Mme Eugénie de Gramont, « l'Hospitalier », comme l'appelait la mère Barat [2], s'installait dans le « Petit Hôtel », bâtiment édifié par la duchesse du Maine portant à cette époque le n° 39 et depuis le n° 75 *bis*.

Il est vrai que de son côté l'évêque de Paris avait mis sa maison de Conflans, inoccupée, à la disposition de Mme Barat durant les journées de juillet.

Le chef du diocèse resta rue de Varenne, dans le petit hôtel, sans en sortir, jusqu'au moment où le choléra vint ravager Paris en 1832 ; devant le fléau, il jugea de son devoir d'affronter la rue et fit savoir à Mme Barat qu'il désirait qu'elle admît gratuitement 15 orphelines comme pensionnaires dans son établissement [3]. Il mourut dans cette maison du n° 39 le 31 décembre 1839.

Son successeur, l'évêque Affre, se montra encore plus froid dans ses rapports avec Madame Barat et instruisit le gouvernement de particularités qui amenèrent celui-ci à menacer d'appliquer la loi du 24 mai 1825 en prononçant la dissolution de la Société. « L'archevêque continuait son ombrage personnel [4]. » Martin du Nord était alors Ministre des cultes (septembre 1842) [5].

Le noviciat fut transféré rue Monsieur le 10 juillet 1835. « ... l'hôtel prêtait au recueillement... Qu'on se représente à l'extrémité du faubourg Saint-Germain un hôtel séparé de tous les bruits du monde d'un côté par sa cour et une rue tranquille et de l'autre par son jardin et les larges espaces du boulevard des Invalides : tel était l'hôtel que

1. Enreg. 11e bureau, même jour, f° 57 r° c. 7.
2. Lettre datée du Noviciat de Montet, 5 octobre 1831.
3. *Vie de M. de Quélen*, par le baron Henrion, p. 214.
4. *Vie du P. Guidée*, chapitres ix et x : « Quelques évêques s'étaient émus de voir une congrégation établie et florissante dans leur diocèse leur échapper de plus en plus pour aller se placer... dans l'action immédiate de Rome et la main de la Compagnie de Jésus. Abbé Baunard, t. II, p. 201. Paris, 1876.
5. Baunard, *Histoire de Mme Barat*, t. II, p. 230.

M. Théodore de Nicolaÿ avait loué au Sacré-Cœur. Les ailes de la maisons étaient distribuées en une série de cellules comme pour un couvent... La chapelle était au centre dans une belle rotonde avançant sur le jardin [1]. »

En avril 1842, le noviciat était transféré à Conflans [2].

Le voisinage de la maison-mère et du pensionnat *rue de Varenne* faisait écrire à Mme Barat : « Notre maison ressemble à un hôtel garni en temps de foire [3]. » Pour éviter l'inconvénient des visites trop fréquentes et du bruit inévitable, la maison principale était installée le 28 août 1854, rue Saint-Jacques, dans l'ancien couvent des Feuillantines acheté en avril. Séparé de la rue par unelongue impasse, cet immeuble comportait, en entrant, une cour fermée par de hautes murailles [4]. En avril 1856, les dames en étaient délogées par expropriation.

En attendant que des constructions définitives fussent élevées boulevard des Invalides [5], la maison-mère était transférée dans un petit corps de bâtiment avec deux ailes, rue Cassini, n° 3.

Enfin l'hôtel du n° 33 et les vastes locaux du n° 31 du boulevard des Invalides, étaient achevés en 1858 sur la partie de la propriété appelée « La Prairie », c'est-à-dire du droit de l'avenue de Tourville à la rue de Babylone. La supérieure entourée de ses probanistes en prenait possession le 7 novembre.

La chapelle de la maison-mère fut bénite le 22 juin 1859 par le cardinal Morlot à qui, au préalable, avaient été présentées les clés de la demeure [6].

Le gros œuvre matériel de la Société était accompli.

Mme Barat mourut le jeudi de l'Ascension, 25 mai 1865 ; on l'enterra à Conflans. En 1903, son corps fut transféré dans la chapelle de la maison succursale de Jette-Saint-Pierre, près Bruxelles, où on le retrouva intact en 1908 [7].

---

1. Baunard, *Histoire de Mme Barat*, t. II, p. 168. Cet hôtel fut ensuite occupé par le séminaire arménien, rue Monsieur, n° 12. La chapelle fut bâtie en 1786 par les Mékharistes de Venise.

. La mère Barat qui s'était cachée à Conflans durant la Révolution de 1830, en fit autant rue Monsieur, le 15 décembre 1841, jour du retour des Cendres de Napoléon 1er et leur transfert aux Invalides.

2. Baunard, *Vie de la mère Barat*, t. II, p. 280.

3. A la date du 25 octobre 1852.

4. Baunard, *Histoire de la mère Barat*, t. II, p. 432.

5. La première pierre a été posée le 29 juin 1856. Baunard, *Histoire de la mère Barat*, t. II, p. 501.

6. *Journal de probation*, juin 1859, p. 74 à 83.

7. La mère Barat, dont la cause fut introduite à Rome le 15 février 1877, a été béatifiée le 24 mai 1908.

La congrégation du Sacré-Cœur fut dissoute par arrêté ministériel du 10 juillet 1904 [1], l'établissement d'enseignement fermé le 1er octobre suivant et les immeubles définitivement évacués le samedi 10 août 1907 [2]. Les dernières religieuses [3] se répartirent entre Conflans-Sainte-Honorine, la Belgique, l'Italie et l'Angleterre.

« Les héritiers de l'une de ces religieuses (Mmes Barat, de Gramont, Grosier) prétendirent exercer la reprise de ce dont leur auteur avait fait ainsi donation à la Congrégation. Le Tribunal de la Seine estimant que jamais les acquéreurs de 1820 n'avaient entendu contracter pour leur propre compte, débouta les demandeurs et ceux-ci n'insistèrent pas.

« MM. de Galard de Brassac de Béarn se disant héritiers de la duchesse de Charost [4] prétendirent de leur côté que la vente de 1820 ne fut qu'une donation déguisée [5] et que, par suite, en leur qualité de représentants de la donatrice, ils étaient fondés à revendiquer pour leur part l'Hôtel du Boulevard des Invalides [6].

« ...Par un jugement très fortement motivé, la 1re chambre du Tribunal civil de la Seine a débouté MM. de Béarn de leur action, le 27 mars 1907 [7-8]. »

1. *Journal officiel de la République française* du 11 juillet 1904, p. 4267. « Arrête. Art. 1er. Seront fermés dans un délai qui expirera le 1er octobre 1904, l'établissement... des Dames du Sacré-Cœur de Paris, 77, rue de Varenne ».

2. Elles firent placer avant leur départ, dans l'intérieur de la maison-mère, en face de la porte d'entrée, l'inscription peinte reproduite ci-après :

« La supérieure générale des Religieuses du Sacré-Cœur de Jésus, expulsée, par la force, des maisons dont elle est la légitime propriétaire et spoliée des biens qui appartiennent à la Congrégation, proteste de toute l'énergie de son âme contre cette sacrilège spoliation de ses droits.

« Elle rappelle à quiconque s'emparera de ces biens ou s'en fera l'acquéreur, que, par ce seul fait, il tombe sous le coup de l'excommunication majeure qui le retranche du sein de l'Église, et que l'absolution de cette peine ne peut lui être accordée que par le Pape, après restitution des biens usurpés et réparation du dommage causé. »

3. Elles étaient 90 d'après Lebœuf et Cocheris, *Histoire du Diocèse de Paris*, t. III, p. 242. En 1839, 40 maisons; en 1851, 65; en 1864, 86 et 3500 religieuses; en 1880, 18 vicairies, 105 maisons et 4.700 membres; en 1900, 200 établissements.

4. Parmi les cinq enfants du marquis de Tourzel, la duchesse de Charost décéda sans postérité. Sa sœur était Pauline de Béarn qui eut pour fils le comte de Béarn et pour petits-enfants : duchesse de Broglie, comte de Béarn et comte J. de Béarn.

5. L'achat semblait fictif; l'immeuble pour lequel Mme de Béthune demandait 700.000 fr. fut laissé au prix dérisoire de 350.000 fr. quand il valait plusieurs millions.

6. Le 15 février 1905, le conservateur du 1er Bureau de la Seine certifiait que depuis le 1er janvier 1824, il n'avait été opéré sur les registres de son bureau aucune transcription d'hypothèque, ni aucune mention. — Même certificat le 23 février 1905, à dater du 1er janvier 1900.

7. Jugement du mercredi 10 avril 1907. Appel le mercredi 6 mai 1908. Jugement confirmant le premier arrêt du 13 mai suivant. Arrêt de la Cour de Cassation du 24 mars 1909.

8. Document du dossier de la Congrégation. Étude de M. Ménage, liquidateur judiciaire.

CHAPITRE IV

LES IMMEUBLES CONVENTUELS ET SCOLAIRES

Le pensionnat des internes occupait le n° 77 de la rue de Varenne, le pensionnat des externes, le n° 31 du boulevard des Invalides, l'école gratuite, le n° 76 de la rue de Babylone. La maison-mère était installée au n° 33 du boulevard des Invalides.

Il semble utile de fixer ici l'état des lieux de l'une des plus vastes propriétés privées de Paris, d'autant plus qu'elle a, depuis le départ des Dames du Sacré-Cœur, subi, dans la distribution intérieure de ses constructions, des transformations importantes.

Entrée. — L'entrée principale de la propriété a toujours été, depuis 1730, au n° 77 actuel de la rue de Varenne.

La porte monumentale au fronton en plein cintre, — d'autant plus énorme qu'il ne renferme aucun relief, aucune inscription, — est percée au fond d'une tour creuse qui rachète l'obliquité du mur sur rue par rapport à l'ordonnance de l'hôtel ; ce retrait avait autrefois l'avantage d'augmenter pour les piétons le « haut du pavé », « partie de la chaussée qui bordait les maisons [1]. »

L'arc surbaissé formant linteau repose sur les sommiers de deux tables, pieds-droits de maçonnerie nue. Les vantaux (bientôt vieux de deux siècles) paraissent démesurément hauts à cause de leurs dix panneaux carrés superposés, ils n'ont pourtant que la hauteur double de leur ouverture, condition voulue dans l'ordre toscan ; leur épaisseur a été calculée sur la base de 0 m. 025 par mètre de hauteur.

Dans le vantail de droite est pratiquée la porte bâtarde.

« La porte cochère supposait en général la possession d'un carrosse [2]... la porte cochère était gardée par un portier. Les grands seigneurs seuls avaient le privilège d'y placer un Suisse de nation ; celui-ci se distinguait par un large baudrier orné des armes de son maître et on lisait au-dessus de sa loge : « Parlez au Suisse [3]. »

---

1. A. Franklin, « La vie privée d'autrefois », *Hygiène*, p. 151. Deux montoirs pouvaient être restés pour aider, à la porte, les cavaliers inhabiles à enjamber leur monture. Les deux petites grilles qui sont scellées à droite et à gauche rappellent qu'en la qualité de doyen des maréchaux de France, le duc de Biron avait droit à cette marque distinctive vers la fin de sa fastueuse existence.

A. Franklin, « La vie privée d'autrefois », *Variétés parisiennes*, p. 151, Paris, 1901.

2. A. Franklin, « La vie privée d'autrefois », *Variétés parisiennes*, p. 56, Paris, 1901.

3. A. Franklin, « La vie privée d'autrefois », *Variétés parisiennes*, p. 57, Paris, 1901.

Or, le maréchal de Biron étant duc [1] entretenait un suisse à son hôtel ; Peyrenc de Moras avait dû se contenter d'un portier.

Les portiers avaient l'habitude d'indiquer le lieu de la maison où devait se rendre un visiteur en sifflant autant de coups qu'il y avait d'étages à gravir [2]. Au commencement du xixe siècle, ils prirent le nom de concierges.

Les logements des serviteurs préposés au service de l'entrée et de la sortie de l'hôtel de Biron n'ont pas changé depuis deux cents années : à gauche en entrant, celui du suisse ; à droite, celui des valets ou concierges.

Cours. — La cour d'honneur, où l'on se trouve dès la porte franchie, a été coupée, en 1831, par une grille parallèle à l'hôtel, faisant ainsi deux cours : la première, semi-circulaire, dont le portail occupe le sommet, la chapelle le côté droit et le petit hôtel le côté gauche. Cette cour commune a pour diamètre la grille de séparation.

La seconde, à peu près carrée, est renfermée entre les constructions : la façade et les ailes du grand hôtel.

Chapelle. — Occupant la droite de la première cour une chapelle haute et fruste a été construite en 1875-1876, sur les plans de M. Lisch, architecte, pour les besoins de la communauté et du public.

Son orientation est contraire à la liturgie romaine qui place l'autel de façon à mettre l'officiant la face tournée vers l'Orient, mais la disposition de l'édifice est exacte selon son style, car ce n'est qu'à partir du xiiie siècle que les pignons ont été placés sur la rue, à la place des murs gouttereaux.

Le terrain qu'elle couvre était auparavant occupé par des écuries pour trente-trois chevaux avec cours de pansage et huit remises.

Un porche compris entre la chapelle et le mur de raccordement, et destiné à donner de la symétrie aux côtés courbes de la cour, masque l'entrée même de la chapelle ; mais à partir du premier étage, la façade se dresse seule au-dessus du portail en offrant comme unique décoration une immense fenêtre ogivale séparée en deux parties de même hauteur : en bas cinq arcatures aveugles, reposent élégamment sur des colonnettes très sveltes ; au-dessus, une grande rosace du gothique rayonnant divisée en deux cercles de douze vitraux, prend tout le pignon. Une petite croix de pierre fleuronnée forme la pointe.

Flanquant le côté gauche, une tourelle octogonale renferme un escalier à vis qui dessert les tribunes de ce côté ; elle élève au-dessus du toit de la chapelle une flèche d'ardoise qui renfermait une cloche enlevée au départ des religieuses.

Deux terrasses couvrent les collatéraux jusqu'à mi-hauteur de l'édifice, de la façade au transept.

1. *Miroir de Paris*, t. 1, p. 203. Paris, 1807.
2. *Miroir de Paris*, 1807.

Vue générale de la chapelle du grand pensionnat.

Les quatre grands pignons de la croix latine sont amortis en fleurons de gable.

L'entrée principale de la chapelle est placée sous le porche occidental, sorte de péristyle entre un grand et un petit salon ouvrant leurs fenêtres sur la rue de Varenne et un couloir servant de passage vers le pensionnat.

Du seuil de la nef, l'œil ne peut immédiatement, à cause d'une constante demi-obscurité, saisir les détails de construction, — les seuls qui restent, car tous les bois, marbres, cuivres servant ou non à la décoration, ont été vendus en même temps que la cloche.

L'ensemble de la chapelle est du style ogival du xiiie siècle. Elle n'a par conséquent qu'une nef. Les parties collatérales placées sous les terrasses signalées plus haut comprennent :

1° Des bas-côtés non prévus pour cet usage dans la distribution primitive, aussi hauts que larges, avec voûtes d'arêtes, ils n'ont aucune communication latérale, mais débouchent sur le transept ; l'éclairage pénètre par cinq verrières divisées en quatre baies longitudinales et signées : Émile Hirsch, 1876.

2° Au-dessus des bas-côtés, des tribunes ouvertes sur toute la longueur de la nef principale par des arcades géminées et gardées d'allèges, du style antérieur au xiiie siècle car on donna par la suite plus de hauteur aux collatéraux.

Cette disposition des nefs mineures rappelle le temps où la grande nef et le collatéral de droite étaient destinés aux hommes, le collatéral de gauche aux femmes et les galeries aux veuves et aux vierges.

Le grande nef devait, d'après les projets fort bien conçus, rappeler Westminster-Hall, — le Panthéon anglais construit de 1220 à 1285 ; — à l'exécution, le travail fut réduit de toute la charpente artistique qui ne resta qu'utilitaire.

Douze colonnes engagées, — six de chaque côté, — s'élèvent jusqu'au faîte des murs ; à chacune correspond une nervure d'arc. Deux arcs sans remplissage partent, l'un du faîtage, l'autre de la sablière ; l'entrait où ils aboutissent a son corbeau sculpté (une figure d'ange à mi-corps). Les rampants sont masqués par un parquetage formant plafond en arc brisé.

Entre chaque colonne, une haute et étroite fenêtre en lancette est remplie par des vitraux de grisaille.

Un transept (qui contenait les chapelles de la Vierge et de saint Joseph), complète la croix latine. Deux rosaces, semblables à celles du pignon d'entrée, éclairent les extrémités de la traverse.

Le chœur qui commence avant le transept se termine en deux pans coupés ; il est desservi au rez-de-chaussée par deux portes et éclairé, au-dessus, par six hauts vitraux représentant les saintes Cécile, Philomène, Catherine, Agnès, Julie et Geneviève. Ces vitraux ont été, ainsi que les quatorze autres de cette chapelle, placés devant un châssis à verres dépolis destiné à les garantir des dégâts possibles ; cette protection offre un inconvénient, elle tamise exagérément la clarté.

Un dégagement en abside, sorte de déambulatoire, contourne le chœur ; il aboutit à de petites pièces dont on s'imagine difficilement l'emploi en cet endroit, à un escalier conduisant aux tribunes du sanctuaire, et à la sacristie.

L'escalier des tribunes de droite est monté entre un salon et la porte d'entrée du n° 79, rue de Varenne, — ancienne entrée du public. Cet escalier remplit une tour carrée isolée qui a la hauteur de la grande nef. Toujours éclairée la nuit « du temps des Dames », elle intriguait les passants, autant par sa petite lumière que par sa silhouette.

La chapelle fut interdite au public à dater du jour de Pâques 1904.

Bâtiments secondaires. — Au pied du mur sud de la chapelle, la cour des communs est entourée de petits bâtiments à un ou deux étages : réfectoires, salle de spectacles, etc., édifiés sur d'anciennes constructions, savoir : écuries et remises particulières, offices desservant les diverses tables, cuisines placées non loin de l'hôtel pour ne point l'incommoder de leurs odeurs.

Tous ces communs qui couvraient jadis le côté droit de la propriété, avaient leur entrée spéciale par la porte du n° 79 actuel de la rue de Varenne citée plus haut dans la description de la chapelle dont elle est porte latérale.

Pour masquer les petits bâtiments, une galerie élevée sur la cour d'honneur, par les Dames du Sacré-Cœur servait de communication entre l'hôtel et la chapelle du pensionnat.

Petit-hôtel. — La partie gauche de la propriété, séparée de l'hôtel par une grille perpendiculaire à la rue de Varenne, comporte une cour-jardin presque carrée, bordée à gauche par un bâtiment sur rue, sorte de préau fermé ; à droite : 1° par une partie du rez-de-chaussée ajouté à l'hôtel ; 2° par un bâtiment qui logeait, dans son unique étage, quelques pensionnaires couchant en chambres séparées ; 3° par le « Petit-hôtel » élevé de trois étages, tel que l'avait fait construire la duchesse du Maine. Des veuves, des demoiselles habitaient ici ; c'était un peu une maison de retraite, sorte d'annexe à l'établissement du Sacré-Cœur et comme en avaient possédé l'Abbaye-au-Bois, Pentemont, les Oiseaux, maisons religieuses du VII⁰ arrondissement. Le portail de la cour ouvrant sur la rue de Varenne, au ras de la façade de ce Petit-hôtel qui fut quelque temps l'archevêché du diocèse de Paris, porte le n° 75 *bis*. Vis-à-vis de ce portail, au fond de la cour, un porche donne la communication entre le Petit-hôtel et le parc.

Grande cour carrée. — La cour de 32 mètres sur 48, comprise entre la grille devinée sous la vigne et l'hôtel forme la seconde partie de ce qu'était autrefois la cour d'honneur. Avant 1831, elle était clôturée de deux murs longitudinaux. « Le mur qui séparait la grande cour d'avec les basses-cours était percé et décoré de deux piédroits qui symétrisaient avec une grille qui lui était opposée et qui donnait entrée à plusieurs bosquets faisant partie des jardins de propreté [1] » (jardins fleuristes).

Le mur de l'ouest a été remplacé par la galerie ouverte à colonnes visible sur la reproduction de la vue générale page 55 et de pièces diverses ; le mur de l'est a cédé la place à une salle aussi longue que la cour et de plain-pied avec l'hôtel.

Cette construction masque le rez-de-chaussée de l'aile gauche. L'intérieur est éclairé par seize fenêtres et une porte qui ouvre sur la cour au-dessus d'un perron de cinq marches ; les boiseries sont en chêne ainsi que le parquet.

Hôtel. — L'hôtel lui-même, la partie la plus ancienne et la plus curieuse de la propriété, fait face, du fond de la cour d'honneur, à la porte monumentale du n° 77 de la rue de Varenne.

La description qui en a été faite au début de cette notice peut s'appliquer à l'édifice actuel qui est en mauvais état car du jour où la Société du Sacré-Cœur sut qu'il lui faudrait abandonner ses immeubles, elle laissa le temps effriter les pierres.

Un perron de trois marches se développe devant le corps central de l'hôtel où s'ouvrent trois portes-fenêtres. Les belles clés des pleins cintres de ces portes sont sculptées en têtes d'homme et de femmes, un peu larges, des portraits peut-être. Les autres clés représentent des coquilles ornementées (p. 28-38).

Les balcons sont formés de châssis assemblés, la partie supérieure garnie d'une plate-bande quaderonnée, l'intérieur rempli d'entrelacs (p. 32).

La sculpture du tympan a disparu pour céder la place à une vieille horloge de H. Lepaute. Un plan-relief, ouvrage d'une dame de la Congrégation, a été longtemps conservé au pensionnat ; il représentait, dans le fronton sur la cour, des personnages, dit-on. D'après les traces visibles, il serait possible que ce fussent des armoiries et, pour cette raison même, ces armoiries auraient été bûchées sous la Terreur.

Des lucarnes de bois et non de pierre, comme dans le projet de l'architecte, éclairent les combles.

L'intérieur de l'hôtel a perdu beaucoup de son attrait.

Le *vestibule* comprend quatre piliers recouverts de bois imitant des colonnes ; ils ont été ajoutés à la construction pour soutenir la cloison du premier étage qui sépare le palier de l'antichambre et portait à faux sur le plancher d'une étendue déjà grande. Huit pilastres d'ordre corinthien parent les faces des murs aux chambranles des portes ; quatre autres garnissent les angles.

Le dallage rectangulaire est composé de grands carreaux blancs et noirs.

La *pièce* qui est à gauche du vestibule est revêtue de boiseries de chêne peintes en ton gris clair. La gorge de la corniche du plafond est agrémentée d'ornements du style de l'époque : cygnes, ibis, etc., entre les médaillons

---

1. Blondel, *Architecture française*, liv. II, chap. II, p. 205. Paris, 1752.

Fragment de décoration (chambre à coucher, K, plan du rez-de-chaussée).

de milieu et les médaillons d'angle, le tout grassement badigeonné. Les loups, renards, etc. permettent de voir dans ces bas-reliefs les fables de La Fontaine. Autrefois, cette pièce fut la « Salle à manger », puis la seconde antichambre.

A l'est de cette grande chambre, de petites pièces aboutissant à la longue salle ajoutée en aile sur la cour prennent jour sur le jardin.

Deux portes arasées des deux côtés d'un mur de 2ᵐ50 d'épaisseur,

Détail des sculptures d'une porte.

donnent communication dans la pièce contiguë, la première des cinq pièces, une dans chaque division architecturale qui a vue sur le parc[1].

Cette pièce appelée jadis « Grand Cabinet » prend en demi-profondeur

1. Les boiseries sculptées des salons furent vendues « à un sculpteur qui s'engageait, en retour, à les remplacer par une menuiserie courante, à repeindre et à tendre de papiers toutes les pièces ». S'étant fait une raison, le marché fut rompu « au moyen d'une indemnité considérable », cependant « la communauté ne résista pas aux propositions dorées qui lui furent faites..., les salons (boiseries) furent partagés entre plusieurs membres de la famille Rothschild »; six en Angleterre chez le baron Ferdinand, le salon ovale chez le baron Albert de Vienne, deux salons chez le baron Edmond, dont un pour son cabinet de travail du Faubourg Saint-Honoré. A. de Champeaux, *L'art décoratif dans le Vieux Paris*, p. 132. Paris, 1898.

toute l'extrémité du pavillon Est; elle est ovale, ses murs se divisent en huit arcades comprenant deux portes, dont une perdue, deux fenêtres et quatre trumeaux. La corniche est relativement en bon état, sauf les médaillons qui ont été nivelés; elle est d'un profil xviiie siècle. A défaut de calotte, un revers en application couvre de sa dentelle une bande du plafond. La rosace est de l'époque. Le parquet est dit « d'assemblage » avec remplissage mosaïque. Pas de lambris, mais on peut supposer qu'ils ont été enlevés si l'on s'en rapporte au goût et à l'élégance qui présidait à la décoration de l'hôtel acheté par la duchesse du Maine.

La *pièce* à la suite est décorée de lambris à panneaux ronds et à panneaux carrés rappelant le travail de la deuxième moitié du xviiie siècle, moins les sculptures. Les trois portes de cette ancienne « Salle de Compagnie » qui servit plus tard « d'Antichambre pour les officiers », sont très travaillées.

Les moulures de la corniche sont lisses, la gorge est garnie d'ornements courants, autrefois dorés ou réchampis de la même couleur que les lambris. Les parties qui ont subsisté aux mutilations sont assez riches. Les écussons n'ont plus leurs reliefs; les rinceaux, spires, arabesques et volutes sont empâtés de badigeons successifs appliqués grossièrement depuis quatre-vingts ans; les coquilles de milieu sont surmontées de têtes d'amours supportant un bouquet. La rosace rappelle les décors Watteau, notamment les fonds couverts de treillages. Parquet en point de Hongrie retourné.

Le *salon* où se donnaient, il y a cent cinquante ans, les fêtes et réceptions, est la grande salle du milieu. Cinq portes d'appartement et trois portes-fenêtres sur terrasse y donnent accès. Les murs et la corniche de cette chambre n'ont aucune décoration. Il est à présumer cependant que sous Louis XVI quelques plafonds étaient peints en ciels.

La « *Salle d'Assemblée* » est après le « Sallon ». Trois portes la desservent (dont une secrète) et deux fenêtres l'éclairent. Les murs sont revêtus de boiseries hautes de 3 ^m 50. Le plafond comporte une corniche en même état que la corniche de la pièce qui fait symétrie.

La *chambre* ovale du pavillon situé au couchant est l'ancien « Grand Cabinet ». Ses murs sont divisés en huit panneaux; des ornements légers rehaussent les portes, embrasures des fenêtres, trumeaux, ces derniers partagés en deux panneaux par un pilastre; toutes les boiseries bien moulurées sont peintes en blanc fortement teinté. Le parquet est dit d'assemblage. La rosace et la corniche aux huit écussons mutilés s'harmonisent avec les autres enjolivements.

En retour, l'ancienne « *Chambre à coucher* » a été décorée avec autant de goût que la pièce précédente. Un panneau d'un seul champ cache le trumeau entre les deux fenêtres, un semblable est vis-à-vis; douze panneaux à médaillon central d'un effet très riche complètent la décoration des murs. Deux portes ont leurs grands vantaux couverts d'ornements délicats; les dessus ont conservé leur bel encadrement, mais où sont les « bambochades » qui égayaient les parties que couvrent aujourd'hui des toiles mal tendues? La corniche comporte deux médaillons placés au droit des deux entrées et entourés d'enfants jouant avec des cygnes, entre deux chimères. Les rinceaux, ajoutés sans doute pour remplir, ne font pas l'effet désiré; ils sont, pour le moins, lourds, eu égard aux autres ornements (p. 59).

A la suite de ces grands appartements du rez-de-chaussée venaient différentes petites *pièces* semblables des deux côtés de l'hôtel, un escalier de service et un petit vestibule. Le grand escalier en pierre se compose de trois travées droites. La première, de quelques marches, fait face à la première baie (côté cour); la seconde s'appuie au mur occidental; la troisième revient aboutir à un palier qui couvre en partie le vestibule et qu'il faut parcourir dans toute sa longueur pour entrer dans l'antichambre. C'est la cloison de séparation élevée à cet endroit qui a occasionné le placement des colonnes de soutien au rez-de-chaussée.

La rampe de l'escalier, vendue en 1902, est remplacée par un grillage; elle était fort belle, en fer forgé, et ancienne.

Le seul ornement qui soit de l'époque de la construction est un médaillon sculpté dans la pierre dure, au centre du mur de soutènement des marches de la seconde travée.

Des cygnes, des chimères, des amours remplissent la gorge de la corniche de la cage d'escalier.

Le vestibule de l'étage est éclairé par deux fenêtres sur la cour. Sur cette même cour, une ancienne « *Chambre à coucher* » est contiguë au vestibule; ses deux portes, ses deux fenêtres, sa corniche n'ont aucun ornement.

La *pièce suivante* a pour ouvertures deux portes pleines, deux fenêtres et une porte vitrée. Le parquet est à compartiments; les frises et feuilles ont été remplacées en partie, car c'était ici une des classes du pensionnat; des tringles en fer scellées à 0^m60 de hauteur autour des murs par de longs crampons en témoignent.

Au-dessus de l'ancienne *chambre à coucher* du rez-de-chaussée, éclairée du côté de l'orient, était une autre chambre à coucher. Elle n'offre aucune particularité. La corniche est décorée sur ses quatre faces d'ornements représentant un vase, deux amours, le renard et la cigogne, etc., des sphinx et des volutes arrangés sans méthode.

Après cette pièce, ce sont d'anciennes « garde-robes », puis c'est une salle ovale dont le bas des murs est muni de tringles courant à 0^m60 du parquet. La gorge de la corniche est décorée de losanges.

Suit une *pièce* sans grand intérêt, autrefois « chambre à coucher ».

La *suivante* qu'on nommait « Sallon » n'est pas remarquable non plus, mais, des fenêtres, on a une vue magnifique sur les futaies, les pelouses, les massifs, les allées, les bâtiments du demi-pensionnat et du couvent, l'hôtel des Invalides et son dôme, les tours de l'église Saint-François-Xavier, petit panorama sous une belle étendue de ciel.

C'étaient encore une « *chambre à coucher* » qui suivait le salon central, puis, à l'angle, un « Grand cabinet » semblable à celui de l'autre rotonde,

Détail des sculptures des panneaux de revêtement.

— le pan coupé extérieur créant l'ovale intérieur. — Des placards dissimulés dans la muraille régularisent la courbe.

De *petites pièces*, escaliers de service venant du rez-de-chaussée et finissant aux combles, placards très vastes, anciennes garde-robes transformées jadis en logement des dames d'honneur de la duchesse, terminent le premier étage.

Dans l'axe longitudinal du bâtiment, une longue galerie revêtue d'épaisses boiseries dessert les appartements en enfilade sur cour et sur jardin.

Les combles sont sans intérêt; leur forme extérieure suffit pour démontrer le bâti de la charpente.

Les sous-sols sont hauts de plafond et de parfaite construction. « Tous les murs de refend et de face sont assujettis à la distribution du rez-de-chaussée, à l'exception de ceux pratiqués exprès pour empêcher la voûte du milieu de ces fondations d'être trop surbaissée et d'avoir une trop grande poussée... au lieu qu'étant partagée, chaque voûte est en plein cintre... Tout cet étage est éclairé par des soupiraux pratiqués dans la hauteur de la retraite qui sert d'empattement aux murs de face, mais, comme ils ont peu d'ouverture, principalement du côté de la cour, les pièces distribuées dans ce souterrain sont peu salubres et même d'une humidité qui les rend impraticables [1]. »

Les appartements du rez-de-chaussée du côté du jardin ouvrent sur une belle et spacieuse terrasse de deux mètres d'élévation ; on y descend par un perron de six marches. Cette terrasse est étendue sur toute la façade de l'hôtel ; douze degrés la font communiquer avec le parc. Les panneaux en fer forgé qui l'entouraient ont été vendus avec les autres ferrures, notamment celles de l'appui du balcon de pierre plate au devant des portes-fenêtres du premier étage.

Les volumineuses volutes des côtés de chaque console de ce balcon sont reliées par une coquille renversée surmontée de feuilles d'acanthe. Sur l'avant de l'abaque des plumes flottantes assemblées en panache marquent la noblesse de l'ancien hôte.

Les clés des fenêtres de la façade du jardin enjolivées légèrement sont à peu de chose près semblables à celles de la cour et, comme elles, élargies.

Couronnant le corps du milieu, s'enchâsse la belle sculpture citée à la page 24, et qui représente avec assez de vraisemblance le Triomphe de Flore. La déesse des fleurs est assise à la romaine, la tête tournée de profil, le buste droit; la largeur des hanches et la jonction des pieds amènent les genoux dans une position défavorable. La main droite pend élégamment à côté de la tête du Printemps, couché près de sa mère. Zéphire, léger comme le papillon dont il a les ailes, accourt pour parer de fleurs la déesse; dans les angles inférieurs des enfants personnifient les souffles légers de l'air.

---

1. Blondel, *Architecture française*, liv. II, chap. ii, p. 206. Paris, 1752.

Pavillon central de la façade sur le jardin.

Cliché de la Commission municipale du Vieux-Paris.

J. VACQUIER. — *Monographie du Faubourg Saint-Germain.* 5

Malheureusement la main gauche de Flore, en partie détachée du fond, a été mutilée et l'on ne peut savoir si elle tenait quelque fleur ou le prix des jeux floraux de l'ancienne Rome, quand le peuple courait par les rues sous une pluie de fèves.

Les élèves. — C'est dans cet hôtel appauvri, presque déchu, qu'était le Pensionnat des Dames du Sacré-Cœur ; c'est dans ces salles uniformisées par l'abolition de toute parure qu'a été élevée toute une noblesse féminine [1] de 1820 à 1904 par des professeurs appartenant la plupart à des familles renommées.

Toutes les élèves du grand et du petit pensionnat (jusqu'à la communion) étaient des internes et ne sortaient jamais dans le courant de l'année scolaire.

Sauf en dehors des grandes fêtes générales, celles de saint Ignace, de l'Immaculée Conception, de Mater Admirabilis [2], de la rénovation des vœux (3ᵉ vendredi de juin) et du mardi-gras où l'on jouait la comédie, la vie du pensionnat était bien monotome : chaque jour lever à 6 heures, messe à 7 heures, premier déjeuner à 8 heures, puis une récréation ; étude jusqu'à 10 heures, alors nouvelle récréation ainsi qu'à 4 heures et demie et 8 heures du soir. Le repas de midi se composait de soupe comme le matin, puis de viande avec légumes, rôti, second plat, dessert, vin coupé d'eau ; celui de 7 heures et demi de soupe, viande, légumes et dessert. Le coucher était fixé à 9 heures. A quatre heures avait lieu un goûter de pain sec ; dans des corbeilles placées aux portes des dortoirs et des salles d'études, il y avait continuellement du pain coupé à la disposition des élèves.

Les arts dits d'agrément tenaient une grande place dans le travail quotidien.

Toute une série de cloches vibraient dans le vaste immeuble, l'horloge sonnait les heures, les quarts et les avant-quarts, la cloche de la chapelle annonçait les offices et les angélus, une troisième cloche commandait les travaux, les jeux et les repas ; enfin un gros timbre appelait par ses coups les religieuses de la maison.

Parc. — Après avoir parcouru tant de grandes pièces vides, déparées de leurs boutons de portes, de leurs plaques de calorifères, laissées sans entretien et désagréablement sonores, la vue du parc abandonné est presque une consolation.

Toute une végétation accrue par trois ans de libre vie couvre les déprédations du sol fouillé pour l'arrachement de quelques canalisations de plomb. En toutes saisons, il est beau ; les couleurs s'y harmonisent, les branches nouvelles et les vieux troncs se nourrissent de la sève que rien ne contraint

---

1. Parmi lesquelles on peut citer Mˡˡᵉ de Montijo devenue l'impératrice Eugénie.

2. Dévotion créée par la mère Perdrix ; la vierge avait auprès d'elle une corbeille, des fils et un fuseau.

plus, les feuilles mortes fermentent à l'ombre des jeunes pousses ; après deux siècles d'asservissement, la nature reprend ici son empire.

Elle en profite pour étouffer les fleurs, orgueil des anciens propriétaires et qui leur coûtèrent tant de soins; c'est à croire rancunier ce sol qui ne produit plus les plantes de luxe et réserve toute sa fécondité aux humbles mousses et aux herbes sauvages.

Et cela paraît aussi très naturel aux oiseaux que personne ne chasse plus ; ils sont devenus les vrais maîtres du grand parc et partagent avec le vent le privilège de faire résonner l'écho sous les demi-ruines d'alentour.

Le boulingrin du bas de la terrasse et de la même largeur qu'elle qui repo-

Détail des sculptures d'une porte.

sait les yeux des invités du duc de Biron, a toujours son tapis de gazon, mais d'autres arbres ont remplacé les plantations ordonnées par Peyrenc, et aux mêmes endroits. Aujourd'hui leur génération augmente considérablement.

Un quinconce ou, pour dire vrai, neuf allées couvertes, à gauche du parc, font pendant à l'avenue de tilleuls qui longe les murs du boulevard des Invalides.

Des parterres réguliers, encadrés d'allées entourent, depuis la Restauration, une colonne gréco-romaine érigée sur un dallage en pente, sorte de tumulus garni de lianes et de lierre; la statue qu'elle soutenait fut enlevée en 1907.

De ce point placé bien en vue, le regard embrasse toute la propriété.

Une chapelle consacrée à Notre-Dame du Sacré-Cœur [1] est adossée au

1. Qu'il ne faut pas confondre avec le Sacré-Cœur de Marie honoré, dit Lafiteau,

mur mitoyen de l'est ; de construction récente, elle ne présente aucun intérêt artistique ou archéologique.

Communs. — Plus loin, au delà d'une cour fermée, c'est une grande buanderie de mêmes dimensions que la chapelle, elle longe le potager, tous deux de l'époque de la duchesse du Maine. A l'orée des arbres de haute tige, un réfectoire communique avec les bâtiments du n° 31 du boulevard.

Le jardin anglais. — Au delà de ce réfectoire adossé au mur qui termine le parc de l'hôtel, un jardin anglais s'étend jusqu'à la rue de Babylone. Là aussi les pelouses ressemblent à des prairies ; des grottes artificielles dont la nature a commencé la transfiguration en rochers véritables, émergent entre des fougères qui couvrent tout un coin de terre, — quelque résurrection sans doute des mêmes plantes qu'ont défrichées les maraîchers contemporains des guerres de religion. Partout des branches folles barrent les allées glissantes par la pluie, crevassées par la sécheresse.

École gratuite. — A l'angle de la propriété et ouvrant sur la rue de Babylone au n° 76, un petit bâtiment avec une cour au centre, servait d'école gratuite, — car chaque pensionnat du Sacré-Cœur avait près de lui des classes non-payantes qu'il entretenait.

La « Prairie ». — Toujours en bordure de la rue de Babylone, voici quelques maisons ressemblant à des fermes, à des écuries (buanderie de la maison-mère, vacherie), à demi cachées dans l'extrémité du jardin anglais qui finit au pied d'un haut treillage vert et d'ailantes de grande taille suppléant à l'insuffisance de hauteur du mur.

C'est dans l'extrémité de ce jardin appelée la Prairie que la duchesse du Maine fit transporter le potager lorsqu'elle prescrivit la construction sur la moitié disponible de la rue de Bourgogne prolongée, de l'immeuble des gens de sa suite (n° 75 *bis* rue de Varenne).

Maison-Mère. — Les immeubles n°s 31 et 33 du boulevard des Invalides ont été construits en 1858 en vue de contenir tous les locaux nécessaires à une maison-mère de communauté religieuse et à un demi-pensionnat.

Le n° 33 est composé d'un vaste bâtiment précédé d'une cour entre deux ailes qui aboutissent au boulevard. La façade n'a rien de particulier sauf les lettres S. C. entrelacées, monogramme de la congrégation. La toiture

évêque de Sisteron, parce que « le petit corps de Jésus se forma par quelques gouttes de sang exprimées du Cœur de Marie par la force de l'Amour ».

est surmontée d'un beau campanile qui abritait les cloches de l'horloge placée au-dessous.

Cet hôtel commode et silencieux fut la maison-mère de la Société.

Le rez-de-chaussée comporte de vastes salles et salons de plain-pied sur une belle terrasse qui domine le jardin. Un large couloir longe toute la façade sur cour.

Des escaliers de bois faciles à gravir, desservent, par chaque aile, les deux étages composés de pièces régulières et confortables.

La chapelle de la maison-mère, dite de Profession, occupait le premier étage de l'aile gauche (nord-est) ; sa décoration affectait un certain air de mondanité ; les fenêtres placées à droite lorsqu'on se tournait vers l'autel laissaient celui-ci dans l'ombre, disposition favorable à un effet de lumière ; une salle contiguë pouvait recevoir des assistantes.

Cette chapelle a été, en attendant l'adjudication des biens, louée et transformée en musée [1].

Dans l'angle opposé (sud-est) du premier étage, la chambre où mourut madame Barat avait été transformée en oratoire : dans l'alcôve un autel élevé d'une marche et portant quatre cierges et des fleurs artificielles, au-dessus, un tableau du Sacré-Cœur ; aux murs, deux lampes et les quatorze stations du Chemin de Croix ; dans un angle, abrités d'un globe, la cuiller qui servit pour administrer le viatique, une couronne posée sur la tête de l'agonisante, diverses reliques ; telle était la disposition de cette pièce favorisée. Aujourd'hui que tout est loué, la cheminée à gauche ne porte plus sous globe une statue sainte entre deux chandeliers.

Le *Demi-pensionnat.* — De l'immeuble nº 33, boulevard des Invalides, on passe, par un porche, à l'immeuble nº 31 qui était la maison d'éducation des externes.

Ici, la création de logements pour location a modifié la disposition primitive des locaux ; ils n'avaient, du reste, aucun caractère particulier, sauf entrée spéciale, afin d'éviter tout contact entre les pensionnaires et les externes.

A l'extrémité des bâtiments, vers le nord, est une vaste et solide chapelle dite des Saints-Anges, aussi haute que longue et à une nef.

Les pièces sur rue au rez-de-chaussée et au premier étage, ont été ajoutées en annexes ou tribunes à cette chapelle en abattant le mur mitoyen ; on a ainsi obtenu une disposition analogue à celle de la chapelle du nº 79 de la rue de Varenne.

L'ensemble de l'architecture et la peinture imitent le style romano-byzantin : arcs en pleins cintres reposant sur colonnes engagées et groupées ; fenêtres supérieures rectangulaires et à meneaux ; rosaces latérales au nombre de quatre ; peintures aux tons vifs.

---

1. M. Dimitri d'Oznobichine, locataire, a inauguré son installation par une fête les 10 et 12 mai 1908. MM[mes] de Routhowka, Potocka sa sœur et de Boncza sa fille la répétèrent le 12 mai 1909.

Les sculptures, mêmes celles des chapiteaux, ont été mutilées presque méthodiquement dès la désaffectation. Les cinq murs du chœur se terminent, à partir de la sablière, en voûtes à arêtes sur plan régulier ; les berceaux viennent se joindre au-devant de l'arc doubleau. Ce chœur est éclairé par cinq fenêtres ; il restait au départ des religieuses quatre vitraux portant des armoiries ou des emblèmes.

Une mosaïque couvre le parvis et la chapelle est parquetée.

L'orgue était placé au-dessus de la porte d'entrée, dans une tribune spéciale.

Extérieurement, cette chapelle [1] n'a que des murs nus pris jusqu'au chœur dans les constructions. Il y a lieu de remarquer pourtant la petitesse de la croix en fer brut du chevet par rapport à l'élévation de l'édifice ; c'est une particularité commune à toutes les chapelles dont disposent les maisons de la Congrégation du Sacré-Cœur de n'être dominées que par une croix minuscule ou déguisée en fleuron.

1. Transformée actuellement en atelier de peinture.

TROISIÈME PARTIE

CHAPITRE UNIQUE

ÉTAT DE LA PROPRIÉTÉ

Aucun des occupants successifs du vieil immeuble n'a prévu ce qui devait advenir de l'objet de ses soins : Peyrenc croyait avoir bâti le nid des Moras et sa veuve n'avait vendu à vie l'hôtel que pour le voir

Détail des sculptures d'une porte.

revenir à sa postérité ; Biron, bien qu'il n'eût point d'enfants, ne pensait guère, lorsqu'il entr'ouvrait les portes des jardins, qu'un jour viendrait où ils seraient publics et que le peuple affamé qu'il avait pourchassé par les rues danserait dans ses salons. Puis, après la tourmente, ne fut-ce point une déchéance pour le grand hôtel que la location de ses pièces imprégnées des souvenirs de la haute aristocratie ; les réceptions même fastueuses des ambassadeurs étrangers, y semblèrent, malgré tout, la parodie des luxueuses fêtes du Maréchal duc de Biron ; c'était pourtant une lueur dans les cendres remuées, mais la dernière. La communauté du Sacré-Cœur s'établit dans l'immeuble : la richesse des décors s'éteignit, les fêtes s'oublièrent, on bâtit dans les vastes jardins ; au-dedans, ce fut la monotonie de locaux vulgaires, au dehors l'uniforme et rebarbative architecture monacale avec ses édifices nombreux et d'une austérité dispendieuse.

C'est dans un état très piteux que le liquidateur judiciaire trouva les immeubles qu'il devait administrer en vertu de la loi de 1901 ; il les fit aménager en logements. L'hôtel a servi de classes municipales de la rentrée d'octobre 1907 aux vacances de Pâques 1908, durant la réfection et l'agrandissement de l'école de l'avenue de La Motte-Picquet : au rez-de-chaussée les garçons, au premier étage les filles. Toutes les autres parties furent louées.

La vente aux enchères sera le dénouement de l'histoire du vieil hôtel du Maine et de Biron, en dernier lieu établissement des dames du Sacré-Cœur.

TABLE DES MATIÈRES

MACON, PROTAT FRÈRES, IMPRIMEURS

DU MÊME AUTEUR

La Mairie du Palais-Bourbon (avec gravure). *Bulletin de la Société d'Histoire et d'Archéologie du VIIe arrondissement de Paris*, n°s 2 et 3 (1906-1907).

La Tombe d'Adrienne Lecouvreur (avec gravure). *Bulletin de la Société d'Histoire et d'Archéologie du VIIe arrondissement de Paris*, n° 4 (1908).

Visite aux Invalides. L'église Saint-Louis. Histoire et description avec plan détaillé. Lettre-préface de Roger Lambelin, conseiller municipal de Paris. 1 vol. 1908.

Lieu de décapitation de Bailly (avec gravure et plan). *Bulletin de la Société d'Histoire et d'Archéologie du VIIe arrondissement de Paris*, n° 5 (1908).

Souvenir illustré des Invalides (notice en deux langues accompagnée d'un plan et de 12 reproductions de l'Hôtel des Invalides).

EN VENTE A LA MÊME LIBRAIRIE

Vieux Hôtels de Rouen, *des XVIIe et XVIIIe siècles*, 1 volume in-folio de 36 planches en carton.......................... **40 fr.**

Les vieux Hôtels de Paris, Décorations extérieures et intérieures.

1re Série *"Le Temple et Le Marais"*

2e — —

Chaque volume comprend 40 planches in-folio et se vend séparément. Prix de chaque volume en carton............ **40 fr.**

Les séries suivantes comporteront : les quartiers Saint-Antoine et Saint-Paul ; la Cité et l'Ile Saint-Louis ; le Luxembourg et l'Université ; le quartier et le faubourg Saint-Germain (en préparation) ; le quartier du Palais-Royal, etc.

PROSPECTUS ILLUSTRÉS FRANCO SUR DEMANDE

www.ingramcontent.com/pod-product-compliance
Ingram Content Group UK Ltd.
Pitfield, Milton Keynes, MK11 3LW, UK
UKHW020025100726
13658UKWH00003B/1105